KB146618

코젤렉의 개념사 사전 20

헌법

코젤렉의
개념사 사전 20

헌법
Verfassung

하인츠 몬하우프트·디터 그림 지음
라인하르트 코젤렉·오토 브루너·베르너 콘체 엮음
한림대학교 한림과학원 기획
송석윤 옮김

Ver-
fass-
ung

푸른역사

일러두기

· 이 책은 오토 브루너Otto Brunner · 베르너 콘체Werner Conze · 라인하르트 코젤렉Reinhart Kosellek이 엮은 《역사적 기본 개념: 독일 정치 · 사회 언어 역사사전Geschichtliche Grundbegriffe. Historisches Lexikon zur politisch-sozialen Sprache in Deutschland》(Stuttgart: Klett-Cotta, 1972~1997) 중 〈헌법Verfassung(I, II)〉(제6권, 1990, pp.831~899) 항목을 옮긴 것이다. 하인츠 몬하우프트Heinz Mohnhaupt와 디터 그림Dieter Grimm이 집필했다.

· 미주는 저자, 각주는 옮긴이의 것이다. 각주로 처리된 옮긴이 주의 경우 주석 앞에 [옮긴이] 표기를 했다.

· 이 책은 2018년 대한민국 교육부와 한국연구재단의 지원을 받아 간행되었다(NRF-2018S1A6A3A01022568).

번역서를 내면서

●●● 《코젤렉의 개념사 사전》(원제는 《역사적 기본 개념 *Geschichtliche Grundbegriffe*》)은 독일의 역사학자 라인하르트 코젤렉 Reinhart Koselleck(1923~2006)이 오토 브루너Otto Brunner, 베르너 콘 체Werner Conze와 함께 발간한 '독일 정치·사회 언어 역사사전 Historisches Lexikon zur politisch-sozialen Sprache in Deutschland'입니다. 이 책은 총 119개의 기본 개념 집필에 역사학자뿐 아니라 법학자, 경제학자, 철학자, 신학자 등이 대거 참여한 학제 간 연구의 결실입니다. 또한 1972년에 첫 권이 발간된 후 1997년 최종 여덟 권으로 완성되기까지 무려 25년이 걸린 대작입니다. 독일 빌레펠트대학의 교수였던 코젤렉은 이 작업을 기획하고 주도했으며, 공동 편집자인 브루너, 콘체가 세상을 떠난 후 그 뒤를 이어 책의 출판을 완성했습니다.

《코젤렉의 개념사 사전》이 가진 의의는 작업 규모나 성과물의 방대함뿐만 아니라 방법론적 혁신성에도 있습니다. 기존의 개념사가 시대 배경과 역사적 맥락을 초월한 순수 관념을 상정하고 그것의 의미를 밝히는 데 치중했다면, 《코젤렉의 개념사 사전》은 정치·사회적 맥락 속에서 전개되는 의미의 변화 양상에 주목합니다. 따라서 코젤렉이 말하는 '개념'은 '정치·사회적인 의미연관들로 꽉 차 있어서, 사용하면서도 계속해서 다의적多義的으로 머무르는 단어'입니다. '기본 개념'은 그 중에서도 특히 정치·사회적인 현실과 운동에 강력한 영향력을 행사한 개념을 가리킵니다.

나아가 《코젤렉의 개념사 사전》은 근대성에 대한 깊은 성찰을 담고 있습니다. 코젤렉은 1750년부터 1850년까지 유럽에서 개념들의 의미에 커다란 변화가 나타나, 근대 세계와 그 이전을 나누는 근본적인 단절이 발생했음에 주목했습니다. 이러한 단절을 그는 '말안장 시대' 또는 '문턱의 시대'로 표현한 바 있습니다. 또한 코젤렉은 근대에 들어오면서 개념은 '경험 공간과 기대 지평'이라는 두 차원을 가진 '운동 개념'이 되었음을 드러냄으로써 근대성에 대한 물음을 성찰하도록 해주었습니다.

《코젤렉의 개념사 사전》은 방대한 기획과 방법론적 혁신성, 근대성에 대한 통찰을 담은 기념비적 저작이라는 면에서 광범위한 차원의 호평과 반향을 불러일으켰습니다. 또한 분과학문의 틀을 뛰어넘는 인문학적 역사 연구의 전망을 제시했다는 점에서 개념사 연구의 표본적 모델로 인정받고 있습니다. 개념사 연구가 비교적 늦은 한국 사회에도 이 책의 존재는 어느 정도 알려져 있습니다.

한림과학원은 2005년 《한국 인문·사회과학 기본 개념의 역사·철학사전》 편찬 사업을 시작하여 2007~2017년 인문한국(HK) '동아시아 기본 개념의 상호소통 사업'을 수행해왔습니다. 2018년부터는 인문한국플러스(HK+) '횡단, 융합, 창신의 동아시아 개념사'로 확장하여 동아시아 개념사 연구의 새로운 지평을 여는 데 기여하고자 합니다. 전근대부터 근대를 거쳐 현대에 이르기까지 동아시아에서 개념이 생성, 전파, 상호 소통하는 양상을 성찰하여, 오늘날 상생의 동아시아 공동체 형성을 위한 소통적 가능성을 발견하는 것이 이 사업의 목표입니다. 《코젤렉의 개념사 사전》의 번역은 우리나라에서 처음 시도하는 작업으로, 유럽의 개념사 연구 성과를 정확하게 이해하는 데 필수적입니다. 그 결과물로 2010년 1차분 〈문명과 문화〉, 〈진보〉, 〈제국주의〉, 〈전쟁〉, 〈평화〉, 2014년 2차분 〈계몽〉, 〈자유주의〉, 〈개혁과 (종교)개혁〉, 〈해방〉, 〈노동과 노동자〉, 2019년 3차분 〈위기〉, 〈혁명〉, 〈근대적/근대성, 근대〉, 〈보수, 보수주의〉, 〈아나키/아나키즘/아나키스트〉를 발간했습니다. 이어 이번에 4차분 〈역사〉, 〈민주주의와 독재〉, 〈동맹〉, 〈법과 정의〉, 〈헌법〉을 내놓습니다. 이를 계기로 개념사 연구에 대한 관심이 더욱 높아지고, 개념사 연구방법론을 개발하는 시도가 왕성해지기를 바랍니다.

2020년 12월
한림대학교 한림과학원 원장 이경구

CONTENTS

헌법 II
헌법/기본법

헌법 | 헌법/상태/기본법

서론: 근대 헌법Verfassung 개념 정의의 폭

근대의 헌법 논의는 법학적 헌법 개념과 법학 외적인 헌법 개념을 구별하지만, 개념 정의를 시도하는 데 있어서는 상응하는 징표들이 서로 겹친다. 철학적, 역사적, 정치학적, 사회학적 개념 규정은 관찰의 대상, 그리고 각 학문 분야에서 규정되는 관찰자의 학문적 관심에 의하여 정해진다.

CHAPTER |

Einleitung: Definitionsbreite des modernen Verfassungsbegriffs

I. 서론: 근대 헌법Verfassung 개념 정의의 폭

● ● ●　　　　좀 더 오래된 개념인 'Konstitution', 더 새로운 개념인 'Verfassung'은 전적으로 거의 동의어이다. 공동의 의미 영역은 — 결코 동시적으로 누적된 것은 아니지만 — 다음과 같은 요소를 포함한다. 1) 상태, 2) 질서, 3) 문서의 형식에 의한 성립 내지는 작성, 그리고 작성된 것의 총체.

　　상태라는 요소는 의학 영역을 참조한 것이다. 오늘날에도 인간의 의학적 '상태Verfassung'와 그 신체의 '체질Konstitution'은 인간이라는 유기체의 육체적 능력과 정신적 능력이 협력하여 조건이 조성되는 상태를 말한다. 유기체적 국가관은 국가 조직을 바로 인체와 비교하여 그 용어를 획득한다.[1] 그러나 상태라는 요소는 'status' 개념과도 상응하는 점이 있다. 그 점에서 '헌법Konstitution, Verfassung' 개념이 '국가Staat' 개념 발생과 맺는, 근대에까지 이르는 밀접한 연관성을 볼 수 있다.[2]

'Verfassung'과 'Konstitution' 개념의 발생에 관한 연구는 현재와도 관련이 있는 법적, 정치적, 그리고 사회적 함의를 갖는다. 오늘날 '헌법Verfassung'은 주로 문서에 의해 규정되어 있고 법적 구속력이 있으며, 그리고 일반 법률보다 우월한 국가 공동체의 규범 구조를 말한다. 그런데 바로 이 개념이 명백하지 않기 때문에, 역사적 전개 과정을 근대적 개념 내용과 연결하기가 어려워진다. 적어도 독일 국법과 헌법 문헌에는 확립된, 또는 전반적으로 인정된 헌법 개념이 결여되어 있다.[3] 근대의 헌법 논의는 법학적 헌법 개념과 법학 외적인 헌법 개념을 구별하지만, 개념 정의를 시도하는 데 있어서는 상응하는 징표들이 서로 겹친다. 철학적, 역사적, 정치학적, 사회학적 개념 규정은 관찰의 대상, 그리고 각 학문 분야에서 규정되는 관찰자의 학문적 관심에 의하여 정해진다.[4]

법학적 헌법 개념은 실정법적 규범 질서에 맞추어져 있고, 이 규범 질서는 국가와 관련이 있다. 오늘날 전반적으로 볼 때 "국가와 국가 헌법은 본질적으로 상호 의존"하는 보완적 개념이다.[5] 법학 외적인 헌법 개념은 정당한 지배의 초실정법적 질서나 사회에서의 사실적 권력 관계와 연결되는데, 이때 법학 외적 헌법 개념이 갖는 법학적 헌법에 대한 관계가 오늘날 헌법학이 궁구하는 중심적 문제이다.[6]

고대

기원전 6세기 그리스의 국가관과 헌법관의 중심 개념은 에우노미아εύνομία였다. 그것은 신이 원하는 질서를 의미하는데, 이는 사회경제적 구조, 정치제도, 윤리적 원칙의 효력 속에서 명백해진다.

CHAPTER II

Antike

II. 고대

1. 그리스의 Politeia: 도시국가의 질서와 국가 형태

●●● 　기원전 6세기 그리스의 국가관과 헌법관의 중심
개념은 εὐνομία(에우노미아)였다.[7] 그것은 신이 원하는 질서를 의미
하는데, 이는 사회경제적 구조, 정치제도, 윤리적 원칙의 효력 속
에서 명백해진다. 기원전 6세기 말, 또는 기원전 5세기 초에 나타
난 ίσονομία(이소노미아) 개념은 보다 구체적이다.[8] 이 "평등한 질
서"라는 개념은 폴리스의 통치에 대한 시민의 정치적 참여가 증대
된 질서를 지향한다. 이로써 다양한 헌정Verfassung 유형 형성의 가
능성이 열렸으며, 이는 세 가지 고전적인 헌정들과 그 부정적 변질
로 나타난다.[9] 고전적 헌정은 "통치의 주체가 군주인가 귀족인가
인민인가" ― 일인이 통치하는가, 소수가 통치하는가, 모두가 통치
하는가 ― 에 따라서, 그리고 그 결과로 나타나는 지배권의 행사 내

지 통치자의 윤리적 속성의 방식에 따라서 구별되었다.[10] 아리스토 텔레스Aristoteles는 이러한 형태를 다음과 같이 유형화하였다. "……우리는 군주정, 귀족정, πολιτεία(민주정)이라는 세 가지 바람직한 πολιτεία(헌정 형태), 그리고 군주정이 변질된 전제정체, 귀족정이 변질된 과두정, 그리고 민주정이 변질된 중우정이라는 세 가지 변질된 형태를 구별했다."[11] πολιτεία(폴리테이아) 개념은 근대 헌법 개념의 형성에 결정적인 역할을 하였다. 그 개념은 처음에는 시민의 권리라는 의미에서 폴리스에 대한 각 개인의 참여를 표현하였다. 그 다음 국가 속에서 구체화되는 시민의 총체와 공동체, 그리고 더 나아가 국가 내 시민들이 살아가는 질서와 지배권 행사의 형태를 표현했다.[12] πολιτεία(폴리테이아)는 동시에 "시민권 Bürgerschaft"과 "헌법Verfassung"[13]을 의미했고, 기원전 4세기 중반 이래로는 민주정의 바람직한 형태라는 의미로도 이용되었다. 또한 이 개념은 "시민권"과 "바람직한 민주정"이라는 뜻을 넘어 "적법한 질서" 그 자체라는 의미에서 규범적 요소를 획득하였다.[14] 아리스토텔레스의 정의는 다음과 같다. "어떻게 통치권이 나누어지고 어떠한 기관이 헌정에 관한 결정을 내리며, 무엇이 모든 개별 공동체의 목적인지와 관련한 문제의 측면에서 헌법은 국가의 질서 — 폴리테이아는 국가 기관에 관한 규정이다πολιτεία μέν γάρ έστι τάξις ταις πολεσιν — 이기 때문이다. 하지만 법률은 헌법을 특징짓는 규정과는 분리되어, 통치자가 통치함에 있어 지켜야 하고 넘지 말아야 할 지침을 부여한다."[15] 이로써 아리스토텔레스는 'Politeia(폴리테이아'라는 개념을, 법적 윤곽을 갖춘 전체 사회와 국가의 구조라기보다는[16] "지도적 지배자"를 정점으로 하는 질서를 갖고 있는 "지배자의 체제"라고 보았다.[17] 따라서 '폴리테이아'의 번역을 "헌법Verfassung"으로 하는 데에 문제가 없지 않다. 그럼에도 18세기 이래 그와 같은 번역이 일반화되었다.[18] 이러한 번역은 어쨌든 '폴리테이아'와 '헌법Verfassung/Konstitution'이라는 개념에 대한 영향사影響史에 있어서 존중하지 않을 수 없다. '폴리스Polis'와 'Politeia(폴리테이아)'라는 개념들에 관해서는, 국가법의 개념이 아니라 국가 이론의 개념과 관계가 있다는 점 또한 고려해야 한다. 플라톤Platon과 아리스토텔레스는 완전한 국가의 구조를 추구하였다. 플라톤에 있어 그 논의가 "선善의 학문Wissenschaft vom Guten"에 의해 결정되었다면, 아리스토텔레스는 조화, 행복, 그리고 안정을 지향한다. 즉 "헌법πολιτεία이 존속해야 한다면, 국가πολις의 모든 부분이 헌법의 존재와 지속을 의지意志해야 한다."[19] 그는 국가가 인간 공동체 형태의 위계 질서에서 최고의 작품에 해당한다고 보았는데, 여기서는 공동체의 모든 개별 지체肢體들 상호관계의 형태가 구별의 징표로 작용한다.

2. 로마: 'constitutio'와 'status rei publicae'

그리스의 국가 철학은 또한 로마 국가 철학의 기초가 되었고, 특히 키케로Cicero와 그의 국가 형태론의 논의에서 그러했다.[20] 로마 공화국에 성문 헌법은 없었지만, 전통을 통하여 형성되고 인정되어 온 규범의 기준Kanon은 존재했다. 그 중심이 되는 개념은 "mos maiorum(선조의 관습)" 이념이었다.[21] 그것은 공적 생활과 관련되어 있는 국가 기관의 관할, 그 행동의 규칙, 그리고 공직과 공직자 사이의 관계, 즉 공직 질서에 대한 모든 기본 원칙들을 포괄하였다.[22] 키케로는 규범적으로 작용하는 이러한 전통의 맥락을 명백히하였다. "……이렇게 많은 나랏일의 경험이 그 사람 안에 있고, 그는 평화로울 때나 전쟁 중일 때나 그것을 가장 훌륭하게 그리고 또한 가장 오랫동안 수행했다, ……이 때문에 우리 국가의 상태는 다른 국가보다 우월하다, ……그러나 우리들의 국가는 한 명이 아닌 여러 사람의 재능에 의해, 한 인간이 아니라 여러 시대와 세대에 의해 확립되었다……tantus erat in homine usus rei publicae, quam et domi et militiae cum optime tum etiam diutissime gesserat, ……ob hanc causam praestare nostrae civitatis statum ceteris civitatibus, ……nostra autem res publica non unius esset ingenio sed multorum, nec una hominis vita sed aliquot constituta saeculis et aetatibus."[23]

헌법의 제정에 대해서 'rem publicam constituere(정부를 구성하다)' 라는 표현을 발견할 수 있는데, 동시에 이 표현은 또한 국가적인 공동체의 조직적 설립을 의미한다. "따라서 그대는 집정관들로부터, 그리고 정부를 보호하는 것을 담당하는 자들로부터, 그리고 그들의 합의들로부터 그 정부의 종류가 이해되는 것이라 생각하라. 그

일은 가장 현명하고 가장 알맞게 우리 선조의 관습들로부터 구성되었기 때문에Nam sic habetote, magistratibus iisque qui praesint contineri rem publicam, et ex eorum compositione, quod cuiusque que rei publicae genus sit, intellegi. Quae res cum sapientissime moderatissimeque constituta esset a maioribus nostris,"[24] 그리고 "각각의 인민은 그 자신이 자기들을 위해 법을 만들기 때문에, 그것은 그 인민에게 고유한 법이며 시민법ius civile이라 부르기도 한다Nam quod quisque populus ipse sibi ius constituit, id ipsius proprium est vocaturque ius civile, quasi ius proprium civitatis."[25] 이로써 'constituere'는 특히 법의 제정을 말하고, 'constitutio'는 제정된 법이 배열된 형태를 표시하게 된다. 키케로는 근대적인 헌법 개념에 상당히 가까이 다가갔다. "이 법규constitutio는 우선 형평성이 위대한 점이며, 그것 없이는 오랜 기간의 자유가 거의 불가능하다. 다음에는 안정성을 갖는데, 왜냐하면 그 첫 번째 것은 쉽게 해로운 악습으로 변하기 때문이다……, 각각의 종류 그 자체들은 종종 새로운 종류로 변화된다; 이는 절제를 통하여 연결되고 혼합된 국가의 구성constitutione 안에서는 지도자의 크나큰 실책 없이는 일어나지 않는다Haec constitutio primum habet aequabilitatem quandam magnam, qua carere diutius vix possunt liberi, deinde firmitudinem, quod et illa prima facile in contraria vitia convertuntur……, quodque ipsa genera generibus saepe conmutantur novis; hoc in hac iuncta moderateque permixta constitutione rei publicae non ferme sine magnis principum vitiis evenit."[26]

022
코젤렉의
개념사 사전 **20**

'constitutio'의 네 가지 요소들이 "헌법"으로 식별될 수 있는데, 연륜과 보장에 의거한 권위, 사회적·국가 조직적 세력들을 조율하는 균형의 힘aequabilitas, 자유를 보장하는 임무 내지 기능, 그리고 견고한 지속성firmitudo이 바로 그것이다. 키케로가 이러한 의미로 'constitutio'를 사용한 것은 — 우리가 아는 한에서는 — 이후로 이어지지 않았다.[27]

로마 제정기에 법적으로 효력을 발휘했던 여러 형태와 종류의 황제의 명령들은 모두 'constitutiones'라는 상위 개념 아래 모아진다. 유스티니아누스Justinian의 《로마법 대전Corpus iuris civilis》에서 '학설휘찬學說彙纂(로마 법학자들의 학설집 부분)'에 따른 정의는 다음과 같이 말하고 있다. "그러므로 황제가 편지와 서명을 통하여 제정하거나, 심리를 통하여 판결을 내리거나, 즉석에서 재판 중간에 발언하거나, 고시로 명하는 것은 무엇이든지 법임이 확실하다. 이것들이 우리가 칙법constitutiones이라 부르는 것들이다Quodcumque igitur imperator per epistulam et subscriptionem statuit, vel cognoscens decrevit vel de plano interlocutus est vel edicto praecepit, legem esse constat. Haec sunt quas vulgo constitutiones appellamus."[28] 이러한 용례는 사법私法 영역에서의 "ius commune(보통법)"의 법원法源 이론 안에서 유지되어 19세기까지 지배적이었다. 'constitutio'와 '법률lex' 사이의 차이는 법적인 차이라기보다는 양식상 성격의 차이였다. 'constitutio'는 무엇보다 매우 오래된 법원法源과 관련해서 사용되었다. 그것은 매우 높은 권위를 의미한다. 이러한 요소는 18세기의 개념 해석에서도 여전히 찾아볼 수 있다. "어떤 경우 황제의 칙령은 신성한 칙령이라고도 불린다Alias principales constitutiones et sacrae adpellantur."[29] 이러한 관점이 "헌법Verfassung"이라는 의미에서 'constitutio' 개념에 대해서도 어느 정도까지 결정적인지는 확실하지 않다. 그밖에 'constitutio'는 "설립"과 "제정"의 의미에서 조직적인 요소를 나타내는데, "suarumque rerum constitutionem fecisset(그 자신의 일의 정리constitutionem를 하다)"[30]가 그 예이다. 두 가지 뜻 모두 중세 말과 근세 초의 단어 사용에서 종종 중첩된다.

로마의 국가적 상황에 대한 평가에서 키케로는 또한 "헌법Verfassung"으로 번역될 수 있는 "status rei publicae(정부의 상태)"에 관하여 언급하였다. 여기서 그 뜻은 현재 상태의 묘사라는 식의 의미로 파악될 수 있다. 키케로는 또한 'status rei publicae(정부의 상태)'를 다양한 국가 형태에 대한 상위 개념으로, 종종 그리스어 "πολιτεια(폴리테이아)"의 번역어로 사용하였다.[31] 각각의 국가 형태에 관하여 그는 다음과 같은 복합어를 사용한다. "status rei publicae(정부의 상태), genus rei publicae(정부의 종류), modus rerum publicarum(정부의 형태), forma rei publicae(정부의 구성), constitutio rei publicae(정부의 조직)" 그리고 "status civitatis(국가의 상태)"이다.[32] 키케로가 생각하는 이상적인 국가는 다양한 국가 형태의 혼합체였고,[33] 그는 그 혼합체를 "optimus status rei publicae(최선의 정부 상태)"에 대한 문제의식 하에서 연구했다.[34] 그러나 constitutio 개념의 규범적 요소는 키케로 이후에는 더 이상 포착되지 않는다.

중세, 그리고 근세의
단어와 개념의 사용

인체의 일정한 상태라는 의미의 'constitutio' 라는 말은 고대까지 그 기원이 거슬러 올라가

며, 현재까지도 그러한 의미가 계속되고 있다. 'Verfassung' 역시 같은 의미로 사용된다.

CHAPTER Ⅲ

Die mittelalterliche und frühneuzeitliche Wort-und Begriffsverwendung

III. 중세, 그리고 근세의 단어와 개념의 사용

1. 'Status'와 'constitutio'

●●●　　　중세 법학은 11세기 말엽 볼로냐에서 처음으로 로마법 및 교회법의 계수를 통하여 성립되었으며, 이러한 의미에서 유스티니아누스의 《로마법 대전*Corpus iuris civilis*》의 형태를 띤 로마법과 포괄적으로 동일한 것이었다. 로마법의 언어, 용어 및 개념 세계 속에서 학문적 소통이 이루어졌고 법적 소재가 다루어졌다. 따라서 국가에 대한 이론에서 'constitutio'와 'status'는 핵심 개념으로 남게 되었다. 12세기 중엽 이래 거의 동시대에 라틴 서유럽에서 아리스토텔레스의 저작들에 관한 수용 및 연구가 시작되었다. 토마스 아퀴나스Thomas von Aquin는 주어진 개별 통치 형태의 혼합이 가장 바람직한 국가 형태라고 보았다. "다시 말해 1인이 다스리는 왕정, 여럿이 덕성에 따라 지배하는 귀족정, 그리고 인민의 권능을

통하여 다스리는 민주정이 잘 혼합된 것이 최고의 국가이다Talis
enim est optima politia, bene commixta ex regno, inquantum unus
praeest; et aristocratia, inquantum multi principantur secundum virtutem;
et ex democratia, id est potestate populi."[35] 그는 "그 정체라는 것은 시
민 공동체에서의 지배자들의 질서와 다른 것이 아니다quod politia
nihil est aliud quam ordo dominantium in civitate"[36]라고 하였다. 각각
통치 주체의 숫자에 따라 명명된 국가 형태에 'status'라는 개념이
부가되었다. 즉, 'status optimatum(일인국가)', 'status popularis(인민국
가)', 'status paucorum(소수의 국가)', 또한 'status multorum(다수의 국
가)'.[37] 물론 토마스 아퀴나스는 'status' 대신에 'respublica'도 역시
동일한 의미로 사용하였다. "왜냐하면 국가라는 것은 시민 공동체
에 대한 질서 부여와 다르지 않기 때문이다······ 인민의 국가에서
인민이 다스리는 것과 같이, 소수의 국가에서 부유한 소수가 다스
린다. 그리고 이로부터 이러한 국가의 다양성이 존재한다. 그리고
다른 국가에 대해서도 같은 방식으로 말해야 한다quod respublica
nihil est aliud quam ordinatio civitatis······ Sicut in statu populari dominatur
populus, in statu paucorum pauci divites: et ex hoc est diversitas harum
politiarum. Et eodem modo dicendum est de aliis politiis."[38] 토마스 아퀴
나스에게 'status'는 형식적 요소뿐 아니라 근대적 의미의 헌법 개념
에 속하는 실질적 통치의 요소 역시 의미한다.

1418년경 테르-루즈Jean De Terre-Rouge는 《논고Tractatus》에서
프랑스의 왕위 계승과 황태자의 권리에 관하여 기술하였고[39] 여기

서 처음으로 왕국에서 확정된 왕위 계승 규정의 불변성이라는 요소를 강조하였다. 이것은 국왕의 재량권을 박탈함으로써 국왕 위에 존재하는 것이었다. "왕권의 공적인 지위에 대하여 규정된 것을 왕이 변경하는 것은 허락되지 않는다Regi non licet immutare ea quae ad statum publicum regni sunt ordinata."[40]

툴루즈Gregor Von Toulouse는 'status' 개념을 사용한다는 점에서 아리스토텔레스의 국가 형태론에 동조했다. "일반적으로 국가는 인민의 지위와 그들의 직분에 따라 국가로 지칭되고 승인될 것이다. 그리고 이 방법으로 아리스토텔레스는 말하기를, 국가는 국민의 다스림이고, 기타 공직에 대한 것이며, 그리고 특히 국민 안에서 가지는 최고 권력에 대한 것이다Generaliter et respublica dicetur et accipietur pro statu populi et negotiorum eius. Eoque modo Aristoteles, respublica inquit, est ordinatio civitatis et circa magistratus alios, et maxime circa id, quod summam in civitate habeat auctoritatem."[41] 반면 툴루즈는 'constitutio'라는 개념을, 그 속에 각 개인들이 존재하면서도 각자의 몫을 갖는 질서인 사회적·국가적 공동체라는 의미로 사용하였다. "인간은 사회 추구의 전형인데, 그 자신 스스로 그러할 뿐만 아니라, 그가 일정한 방식으로 참여하는 사회의 모든 사물들과 관련해서도 그러하다. 왜냐하면 인간은 모든 세상의 축도縮圖이자 소우주 내지는 작은 세상이기 때문이다. 그러므로 만약 인간이 사회와 국가의 공동체 그리고 인류의 공동체를 외면한다면 모든 피조물 중에서 가장 흉악한 피조물이 아닐 수 없다는 비판에 대해 어떠한 변명의 여지도 남지 않을 것이다. 그리고 만약 인간이 이것들을 어지럽히고 파괴하며 약화시키기를 원한다면 더욱더 그러하다. 인간이 그 자신 안에 하나로 이루어진 육체적 몸의 지체들을 가지고 있는 것과 마찬가지로, 한 영혼으로 묶여 있는 사회로부터 구성원이 이탈한다면 파멸하고 멸망할 것이다Habet exemplum sectandae societatis homo et a se ipso, et ab omnibus rebus, in quarum societate aliquo modo participat, quia est epitome totius mundi, microcosmos seu parvus mundus, ut nulla relinquatur excusationis occasio, quin scelestissimus creaturarum omnium sit, si hanc societatem et reipublicae constitutionem et communitatem humanam aversetur: multo magis, si eam turbare, destruere et convellere velit. Habet in se ipso corporis unius physici membra, quae si a societate ipsa discedant animae unius, corruunt et intereunt."[42] 여기서 이러한 주장은 관직의 질서라는 의미의 조직 원리가 아니라 상위의 사회 형태에 대한 개인의 관계를 말하는 것인데, 이러한 사회 형태 하에서 국가 질서 ― "constitutio reipublicae" ― 는 사회나 인간 공동체와 마찬가지로 보호받을 가치가 있고 그 유지를 청구할 권리를 갖는다. 툴루즈는 이러한 개념 사용을 통하여 'constitutio'의 근세적 개념 내용을 도출하였는데, 이 개념은 16세기 프랑스 국가 전개 양상의 특징을 보여준다.

　그 밖에 단수형 또는 복수형으로 'constitutio'를 사용하여 개별적인 황제의 입법 형태에 관한 로마법의 전문 용어를 의미하는 경우가 중세에도 지배적이었다.[43] 교회법에서는 전체 교회를 위한 규율

이든 교구를 위한 것이든 간에 모든 교회법적 규율을 'constitutiones'
라 불렀다. 글랜빌Glanvilla(†1190)은 "constitutio"을 국왕의 칙령이
라는 의미로 사용하였고, 하인리히 2세Heinrich II의 "assissa regale(칙
령)" 역시 이에 속하는 것으로 보았다.[44] 독일법계에서는 오토 3세
Otto III 이래 황제의 'constitutio'이 등장하였다.

그러나 《게르만 역사 문헌집Monumenta Germaniae historica》 근대판
의 Constitutione라는 장에서는 중세 황제법의 'constitutiones'라는 표
현이 원전의 용어와 일치하지 않는 일이 빈번하다. 예를 들어 1356
년의 "금인칙서Goldenen Bulle"도 스스로 'constitutio'라 이름 붙이지
않았다.

1532년 "황제와 신성로마제국의 형사법원 규칙Des Keyser…unnd
des heyligen Römischen Reichs peinlich gerichts ordnung"조차 처음에는
이후의 제국법에 통용되었던 "Constitutio criminalis Carolina" 내지
"Hals-Gerichtsordnung"이라는 표현을 사용하지 않았다.[45]

중세 프랑스의 용례에서 'constitutio'는 입법과 연관되었다. 13세
기에 필립 드 보마누아르Philippe de Beaumanoir는 말했다. "이 세 가
지 사례에 의하여…… 국왕이 다음과 같이 제정한 새 헌법constitucion
에 따를 때 어떻게 일해야 할 것인지가 정리되고 확립된다De ces III
cas…… est il ordené et establi comment on en doit ouvrer par une nouvele
constitucion que li rois a fete en la maniere qui ensuit."[46]

2. 'constitutio'와 'institutio'

'constitutio'와 'institutio'는 모두 이를 통하여 실현된 결과 내지는 완결된 상태보다는 통치권의 성립 과정과 국가 공동체의 조직 과정을 가리키는 것이다. 누가 이러한 행위에 관여했는지에 따라 그 사용이 달라질 수 있다. 인민('constitutio') 또는 인간 행위 너머에 있는 기관, 예를 들어 신적神的인 권력('institutio'). 키케로에게 있어 시민 공동체civitas와 관계된 헌법 행위Konstitutionsakt는 인민의 행위였다. "따라서 내가 설명한 것과 같은 그러한 군중의 모임인 모든 인민은, 인민의 구성인 모든 시민 공동체는, 내가 말한 인민의 것인 모든 국가는 어떠한 협의를 통하여 다스려져야 한다Omnis ergo populus, qui est talis coetus multitudinis, qualem exposui, omnis civitas, quae est constitutio populi, omnis res publica, quae ut dixi populi res est, consilio quodam regenda est."[47] 그에게 있어 'institutio'는 일반적으로 국가 체제의 설립을 의미한다. 만약 인간의 정의 관념이 존재하지 않는다면, "나머지 덕성德性의, 또는 국가 그 자체의 체계는 존재하지 않는다neque reliquarum virtutum nec ipsius rei publicae reperiatur ulla institutio."[48] 파도바의 마르실리우스Marsilius von Padua 역시 이러한 의미에서 설립의 주체와는 무관하게 통치권의 수립에 관하여 'institutio'를 사용하였다. "우선 우리는 군주정에 있어서 왕권 수립의 형태들을 열거할 것이다primum enumerabimus modos instituciones regalis monarchie."[49] 랑게Languet는 통치자의 수립에서 인간 행위와 신의 행위를 명료하게 분리하였다. "우리는 이전에 설명했다, 신이 왕들을 임명한다는 것을, 최고 권한을 준다는 것을, 왕을 선출한다는 것을. 우리는 이제 말한다, 인민이 왕을 세운다는 것을, 왕에게 최고 권한을 넘긴다는 것을, 그들 자신의 투표를 통해 선택을 승인한다는 것을 …… 이로부터 너는 왕의 선택은 신에게 주고 왕의 수립은 인민에게 주는 것을 본다Ostendimus antea, deum reges instituere, regna regibus dare, reges eligere. Dicimus iam, populam reges constituere, regna tradere, electionem suo suffragio comprobare ……hic vides electionem regis tribui deo, constitutionem populo."[50] 통치자가 그 직무에 취임하는 것은 인격과 관련된다. 그러나 이러한 취임은 "국가적" 특성을 지닌 초인격적 요소로서의 직무를 보여주는 것이기도 하다. 통치자의 수립은 'constitutio'에서 주된 의미로 나타난다. 독립된 법적 특성을 지니는 틀은 이러한 용례에서 여전히 개념적으로 정확하게 규정되지 않는다. 구성적인 요소가 더 우위를 점하고 있는 것이다.

3. 'Verfassung' : 협약Vereinbarung, 작성Abfassen, 체계화Ordnen

'Verfassung'이라는 표현은 최초로 1346년 12월 21일의 문서에 나오는데, 그 문서에서 팔켄슈타인Falkenstein, 하나우Hanau, 엡슈타인 Eppstein의 영주들은 제국 도시인 프랑크푸르트Frankfurt, 프리드베르크Friedberg, 겔른하우젠Gelnhausen과 중재법원의 권한을 확정했다. 이것은 "로마 황제 루드비히가 양 체제에 관하여 논의하고 기본틀을 만든unser herre romescher Keyser Ludowig zuschen uns von beidin sytin virfazsit und gered hat mit unsir beidir syten" 후에, 시외 거주 시민Pfahlbürger에 관한 분쟁이 발생하여 이들의 이동의 자유를 보장하기 위해 만들어졌다. 팔켄슈타인 등의 영주가 확정된 자유이동을 준수하지 않는 경우에는 중재법원이 정한다. "그리고 침해가 2년 이내에 발생하고 아직 판정되지 않았으며 그 사이에 이 협약이 선언되었으면, 그것은 마치 이 협약이 선언되지 않은 것처럼, 마찬가지 방식으로 세 주체가 여전히 판정한다Und geschehe icht ubirgryffes in den zwein iaren und das nicht gerichtet wurde und dyse virfazsunge da bynne uff gesagit wurde, das sullent die dry doch richten glicher wis, alse ob die virfazsunge noch nicht uffgesagit were."[51] 여기서 'Virfaszunge'는 협정Absprache, 협약Vereinbarung, 법적 성격을 가진 분쟁의 법적 수단에 의한 화해적 해결을 의미한다. 분쟁 당사자들의 의견 합치가 갖는 타협적 성격은 1349년의 문서에서 분명히 알아볼 수 있다. "나 헤르만 백작은 공개적으로 명백하게 선언하노니 …… 나의 형제인 하인리히와 합의하고, 이하에 서술된 내용처럼 규정한다Wir Lantgrave Herman bekennen offinliche und tun kund……, das wir uns vireynit han und gutliche virfaßit mit Heinrich, unssem Brudere, in allir der Wise als hirnach geschrebin stet."[52] 하지만 합의는 또한 중재법원의 판결에 의해 이루어질 수도 있다. 'Verfaßung'이

라는 철자의 단어가 문서상 사용되는 것은 — 발견되는 한에서는 —1470년이 최초였는데 다음의 내용을 명확히 하고 있다. "이전에 …… 우리의 충실한 시장, 시위원회Rethe 그리고 전체 고타Gotha 공동체를 일방으로 하고 하임부르크Heymburg와 준트하우젠 Sunthausen 전 공동체를 다른 일방으로 하여, 습지Riet와 방목지에 관하여…… 한 후에 분쟁이 발생했으므로 Verfaßung을 만들기 위해 …… 위원회에서 논의하여…… 이러한 분쟁이 재발하지 않도록 하였다Nachdem vortzeiten…… unnser lieben getreuwen Ratismeistere Rethe und gantz gemeyn zu Gotha an eynem, Heymburgen und gantz Gemeyn zu Sunthausen am andern teilen umb das Riet und viheweyde…… Irrig gewest, und des auf Verfaßunge etlicher…… zugeschickter Rete geineinander In eyntracht geseßen, biß daß sie dorumb…… wider zu Irthum und Phandunge komen."[53]

동시에 15세기 말부터는 문헌 작성과 문헌 체계화라는 의미에서, 특히 입법 영역에서, 동사와 명사가 사용되었다. 1479년의 뉘른베르크 도시법 개혁Nürnberger Stadtrechtsreformation 서문은 위원회에 의한 의결 통과를 계기로 소송의 증가, 이와 연결되는 "분쟁"의 위험을 언급했는데, "당시에는 이러한 소송과 분쟁을 해결하는 배려적이고, 기본적이며, 합법적인 규범verfassung의 틀과 금전적이면서 필수적인 법이 없었다wo sölchem mit fürsichtiger, gegründeter und rechtmeßiger verfassung und bevestigung gepürlicher und notdurftiger gesetze nit begegnet würd."[54] 그러나 문서화라는 요소는 단지 하나의 측면만을 설명한다. Verfassen은 또한 전래된 법 소재를 새로이 체계화하고 형성하는 행위이다. 슈트랄준트Stralsund 교회 규칙의 서문은 입법 작업과 — 현대적으로 말하면 — 의결 통과의 3단계를 설명해주고 있다. "이는…… 1525년에…… 영예로운 위원회가 만든 규칙인데, 이것은 요한 에피누스Johannem Aepinum가 틀을 만들고verfatet, 뉘른베르크 시의 서기로 근무하는 요한 젠게슈테케Johann Sengestacke가 작성했다Dit iß de ordnunge, de hier…… is upgerichtet van einem ersamen rade…… anno 1525, dorch Johannem Aepinum verfatet, [von] Johann Sengestacke, up der tyd stadtschriewer, geschrewen."[55] 이로써 'verfaten'이라는 단어는 단연 법적으로 체계화하는 입법 작업이라는 독자적인 행위를 의미한다.

의학 영역과 "Politica" 저작에서 나타나는 'Constitutio' 와 'Verfassung'

인체의 일정한 상태라는 의미의 'constitutio' 라는 말은 고대까지 그 기원이 거슬러 올라가

며, 현재까지도 그러한 의미가 계속되고 있다. 'Verfassung' 역시 같은 의미로 사용된다.

CHAPTER IV

'Constitutio' und 'Verfassung' im Bereich der Medizin und in der "Politica"-Literatur

IV. 의학 영역과 "Politica" 저작에서 나타나는 'Constitutio'와 'Verfassung'

● ● ●　　　　인체의 일정한 상태라는 의미의 'constitutio'라는 말은 고대까지 그 기원이 거슬러 올라가며, 현재까지도 그러한 의미가 계속되고 있다. 'Verfassung' 역시 같은 의미로 사용된다. 이러한 용례는 인체 개념을 형상화하여 사용하고 이를 국가 공동체에 전용하는 것에 상응한다.[56]

1. 신체 비유와 'constitutio'

여기서는 신체에 대한 비유는 그것이 "국가적으로staatlich" 전개되는 공동체와 관련하여 constitutio 개념에 근접하거나 그 안에 포섭되는 질서의 원리와 질서의 요소를 설명하는 한에서 추적하기로 한다.

플라톤에게 있어, 신체와 국가 간에 존재하는 구조의 유사성은 그 질서에서 일어나는 각 현상의 조건을 나타내고 설명해주는 것이다. "게으르고 사치한 인간"에 의해 야기되는 모든 헌정Verfassung의 무질서는 인체의 "고름과 종기"에 의한 "무질서"에 상응한다. "모든 정체에서의 무질서함은 단지 몸에 자리 잡은 담즙과 같다ταρ άττετον ἐνπάσῃ πολιτείᾳ……, οἶυν περί σῶμα…… χολή."[57] 여기서 "무질서"는 고전적 "세 가지 헌정 체제"에 등장하는 세 가지 헌정 형태의 변형을 의미한다.[58] 폴리비오스Polybios는 군주정에서 귀족정을 넘어 민주정으로, 그리고 다시 군주정으로 이어지는 헌정 형태의 변화를 유기체의 성장과 소멸이라는 의미에서의 쇠퇴의 일반 법칙이라 설명하였다. '신체'와 'Verfassung'은 모두 이러한 전개 법칙의 지배를 받고 그러한 한에서 서로 같다. "신체의 법칙은 헌정과 기업에도 적용되는데 이는 자연스럽게 성장, 그 다음엔 개화開花, 그리고 그 후에는 소멸φθίσις의 과정을 거치게 되고, 여기서 모든 것은 개화할 때에 그 능력이 완전해진다."[59]

　　'corpus(신체)'와 'membrum(지체)'라는 단어는 로마인들의 정치적 언어에서 흔히 통용되었다.[60] 'corpus'와 'constitutio' 사이의 관련은 키케로에게서도 나타난다. "메트로도루스Metrodorus가 기술하였듯이, 유익함뿐만 아니라 모든 행복한 삶이 신체의 건강한 구성과 그것의 구성에 대한 검증된 희망에 달려있다nam si non modo utilitas, sed vita omnis beata corporis firma constitutione eiusque constitutionis spe explorata, ut a Metrodoro scriptum est, continetur."[61] "firmitudo(견고

함)"이라는 요소[62]는 또한 신체의 상태에도 적용된다.

중세에 신체의 비유는 국가 내부의 계급적 질서를 묘사하거나 또는 정당화하는 데에 이용되었다. 예를 들어 솔즈베리Johannes von Salisbury는 "politica constituio"라는 표제어 하에서 그의 질서 체제를 논하였다.[63] 그는 국가와 기관 모델을 신분제적으로 고안하고 위계적으로 질서 지어서, 'constitutio' 개념을 상위의 헌법 모델과 헌법 개념에 접근시켰다. 유기체에 비교하는 것과 "국가의 생체화"는 어떤 구체적 질서의 틀을 나타낼 뿐 아니라, 광범위하게 인격적으로 규정되며 인격적으로 경험되는 공동체에서 초인격적 국가상의 형성을 촉진하기도 한다.[64]

2. 의학에서의 'constitutio'

16세기 이래, 그리스 출신의 로마 의사 갈레누스Galenus(129~199경)의 저술들이 constitutio 개념과 관련하여 특별한 의미를 지니게 되었다. 그리스어로 쓰인 그의 저서 《우리 신체의 최적의 상태에 관하여De optima nostri corporis constitutione》[65]와 《파트로필우스에게 바치는 의술의 구조에 관하여De constitutione artis medicae ad Patrophium liber》[66]의 라틴어판에서 'constitutio'는 한편으로는 인간의 육체적 "상태Verfassung", 또 다른 한편으로는 전문 학문 분야라는 의미에서 의학 기술의 "수립Errichtung"과 "규정Bestimmung"이라는 뜻으로 사용되었다. 1577년 프랑스의 의사 발레리올라Franciscus Valleriola는 'constitutio'를 갈레누스 주석서의 출발점으로 삼았다. 우선 그는 'constitutio'를 신체의 "상태"라고 명칭하였다. "계속해서 그 다양한 명칭처럼 또 constitutio는 다양하게 취해지는데 때로는 육체의 좋은 얼개와 특성에 관한 것으로 취해진다Constitutio porro, ut varium nomen est, sic varie quoque sumitur, interdum enim pro bona corporis compage et habitu." 그는 두 번째 의미로 "자신이 이 책에서 보편적인 학문의 설계와 체계를 가르쳐줄 것이다designationem, et institutionem universae artis hoc libro se adocturum"라고 기술하였다. "실로 그러한 constitutio는 참된 방법에 의한 학문의 한결같은 체계일 뿐이다. 왜냐하면 학문을 구성한다는 것은 학문의 목적에 대하여 알게 되는 것을 통하여 그 목적에 도달할 수 있는 확실한 길을 발견하는 것이기 때문이다Quae sane constitutio, nihil prorsus aliud est, quam institutio artis vera methodo constans. Siquidem constituere artem est, cognito fine artis, viam certam invenire qua ad eum finem perveniri possit."[67] 이러한 맥락에서 발레리올라는 'constitutio'라는 개념 속에서 계획적 · 구조적 요소를 강조하면서, 이러한 요소로 인해 'constructio'을 'constitutio'에 상응하는 개념 중 하나라고 보게 되었다. "이 책에 constitutio라고 정당하게 제목을 붙인 것은 갈레누스의 생각에 빚을 지고 있으나 네가 'συστάσεως' 내지는 constitutio 대신에 구축構築을 말한다 할지라도 적절하게 말한 것으로 생각될 수 있다Nec solum constitutio inscribi hic liber iure et ad Galeni mentem debet, sed etsi pro 'συστάσεως' ……, dixeris, hoc est pro constitutione, constructionem, non inepte dictum putari potest."[68] 발레리올라가 의학적 constitutio 개념을 내용적으로 발전시켰고 이러한 개념이 국가 질서를 표현하는 데 유용한 많은 의미 요소를 포함하고 있다고 하더라도, 이 개념을 국가 공동체로 적용한 것은 발견되지 않는다. 리올란Riolan도 역시 1611년 인체라는 신의 창조물에서 구조적인 요소를 정형화하였다. "우리들의 몸은 최고의 장인인 신이 만들었고, 그 신은 세상의 모든 장치들을 창조한 최고의 건축가이다Nostrum corpus a summo opifice deo……. constructum fuit, ……summus ille architectus, qui…… totum mundi machinam creaverat."[69]

　"machina"의 비유는 17세기 말과 18세기 초반에 인간의 신체가 Mechanismus(기계체)인지 Organismus(유기체)인지에 관한 문제를 제기하였다. 1720년에 "machina"는 "국가의 헌법Verfassung eines Staates"이라는 요소로 인식될 수 있게 되었다. 호프만Christian Gottfried Hoffmann은 여기서 "내적 헌법과 관련하여 이를, 누군가에 의해서 그리고 누군가의 권력에 의해 정치 조직이라는 기계체가 작동되는…… 양식"이라고 이해하였다.[70] 비유의 변화는 또한 새로운 사고의 모델을 암시하기도 한다. 즉 신체상das Corpus—Bild은 자연적·위계적으로, 기계상das Maschinen—Bild은 기계적·평등적으로 "사고"한다.

'기본법Lex fundamentalis'과 헌법constitution

17세기와 18세기에 사전에서는 'constitution'이 전통적인 의미를 계속 갖고 있었으며, 국

가와 관련된 질서의 총괄 개념으로는 나타나지 않았다.

CHAPTER V

'Lex fundamentalis' und 'constitution'
V. '기본법Lex fundamentalis'과 '헌법constitution'

1. 프랑스

a — 16세기의 'estat(국가)'와 군주의 기속

●●●   종교 분열, 내전 그리고 왕위 계승 분쟁으로 16세기 후반기 프랑스에서는 논쟁적 문서들이 넘쳐났는데, 그것들은 국가의 관념과 그 질서를 새롭게 정식화하려 하였다. 이렇게 하여 "국가Staat"— 또한 "신분Stände" 그리고 "상태Zustand"— 로 번역될 수 있는 개념인 'estat(에따)'로의 집중이 유유히 진행되었고, 그것은 그때까지의 지배적인 개념이었던 'république(레쀠블리끄)'를 밀어냈다.[71]

'estat(에따)' 개념의 전개는 아직 "헌법Verfassung"이라는 의미에서의 'constitution' 개념 형성과 병행하지 않았다. 보댕Bodin은 'constitution'이라는 용어를 사용하지 않았다. 그러나 그는 "왕국 및 왕국의 수립에 관계되는 법loix qui concernent l'estat du Royaume, et de l'establissement d'iceluy"과 "왕국의 수립과는 관계 없는 법qui ne concernent point l'establissement du Royaume"을 정확하게 구별했다. 전자의 예는 다음과 같다. "살리카 법전과 마찬가지로 군주는 그것을 위반할 수 없다. 그리고 그 후계자는 무엇에 직면하든 항상 국왕의 법률, 주권적 왕권이 의지하며 기초하고 있는 그 법률들을 위반하게 될 것을 제지할 수 있다le Prince n'y peut deroger, comme est la loy Salique: et quoy qu'il face, tousiours le successeur peut casser ce qui aura esté faict au preiudice des lois Royales, et sur lesquelles est appuyé et fondé la majesté souveraine."[72] 라틴어판은 이 내용을 더 정확하게 옮기고 있다. "군주법에 관한 한, 그것은 권위 자체와 관계되어 있기 때문에, 국왕들은 이것들을 박탈하거나 철폐할 수 없다. 마치 이 왕국의 가장 튼튼한 토대인 살리카 법전과 마찬가지이다Quantum vero ad imperii leges attinet, cum sint cum ipsa maiestate coniunctae, Princeps nec eas abrogare, nec iis derogare possunt: cuiusmodi est lex Salica, regni huius firmissimum fundamentum."[73] 그리고 1592년의 독일어 번역은 이렇다. "법률과 관련하여, 법률이 신분과 왕국 모두를 유지하는 데에 필요하다면, 군주는 이를 위배할 수 없고, 당연히 경시할 수도 없다. 우리 왕국이 살리카 법전에 기초해야 하는 것과 같이, 이러한 법률도 확고한 근거에 기초해야 한다. 그러나 그러한 법률과 제국 질서로부터 무엇인가를 탈취당하는 경우, 그것이 제국법과 통치권에 해가 된다면, 그 군주의 사후에 정부 당국은 그것을 폐지할 수 있다So vil dann die Gesetz betrifft, so zu erhaltung gemeiner Ständ und Regiments notwendig sein, kan solchen der Herr nichts abbrechen, vil weniger hat er selbige gar ab zuthun fug und recht. Wie bey uns Lex Salica ist, auff welchem unser Königreich als auff seinem vesten grund bestehen muß. Wo aber solchen Gesetzen und Reichs Ordnungen etwas solte benommen werden, könden es die Oberkeiten nach deß Herren tödtlichem abgang cassieren und uffheben, es sey gleich wider deß Reichs satzungen oder der Herrschaft zum nachtheil gemacht."[74] 1576년 이후 'leges imperii(군주법)' 이외에 'lois fondamentales(기본법)'의 개념이 프랑스에 나타났지만,[75] 보댕은 이를 사용하지 않았다.[76] 이러한 기본법들은 군주를 기속하는 근본 원칙의 불변성을 지향하는 것이다.[77] 이는 통치자의 행위의 한계를 확정하는데, 그 한계를 이미 쎄이쎌Seyssel은 "frein(제약)"이라 표현하고 있다. "프랑스에서 왕의 권위와 권능이 세 가지 제약에 의해 조절되고 억제되고 있는 것과 같이Comme l'autorité et puissance du Roy est riglé et referné en France par troys freins."[78]

b — 사전 분야

17세기와 18세기에 사전에서는 'constitution'이 전통적인 의미를 계속 갖고 있었으며, 국가와 관련된 질서의 총괄 개념으로는 나타나지 않았다.

리슐레Richelet는 1680년에 'constitution'의 네 가지 의미를 구별

했는데, 첫째로는 "état, disposition(상태)"를 의미하는데, 그 예로 "La constitution du corps(신체의 상태)"와 "La constitution du ciel(하늘의 상태)"가 있다. 두 번째 의미는 로마법의 용어로 모든 법령("loix(법률)", "ordonnance(칙법)")을 지칭하는 것이다. "les constitutions des Papes(교황의 법)"과 "les constitutions de Justinien(유스티니아누스 법)"이 이에 해당할 수 있다. 세 번째 의미는 "Terme de Religieux. Réglement(종교 용어로 규정)"과 같이 교회 영역과 관련된다. 네 번째 의미는 "rente annuelle(연금年金)"이다.[79]

1693년의 제2판에는 그 의미가 크게 확장된다. "어떤 사물이 만들어지는 방식. 사물의 구성, 조직Manière dont une chose est faite. La composition d'une chose."[80] 이러한 의미는 1727년에 퓌르티에르 Furetiére에 의하여 심화된다. "또한 constitution은 구성을 의미한다. 즉 전체를 이루기 위한 여러 부분들의 결합이다Constitution, signifie encore, Composition; assemblage de plusieurs parties pour faire un tout." 그 예로는 "la constitution du corps humain(인간 신체의 구성)"[81]을 들 수 있다.

법률 용어 사전과 법률 색인집에서는 'constitution'을 기본적으로 로마법 법원法源의 질서에 기초한 입법 형식과 법률 종류로서만 다뤘다. 페리에르Ferriere는 "일반 기본법constitution générales"을 "droit public(공법)"[82]의 규율 영역으로 여겼다. 그렇지만 국가 전체 질서와의 관련성은 파악되지 않는다. 미로메닐Miromesnil은 심지어 "일반 기본법"을 "loix politiques(정치법)"으로 여겼는데, 이러한 입장은 일반 기본법의 포괄적 구속력에 근거한다.[83] 《백과전서 *Encyclopédie*》에는 'constitution'의 전통적인 의미 외에 부가적으로 국가와 관련된 차원이 나타나는데, 이것은 구제국의 예를 사용하여 설명된다. "이 용어는 독일제국과 관련 있는데, 두 가지 서로 다른 의미를 가진다. 첫 번째는 전체 제국의 규율에 봉사하는 일반법으로 이해된다…… 그 용어의 두 번째 의미는 그것의 넓은 의미의 정부 상태와 관련된다Ce terme relativement à l'empire d'Allemagne, a deux significations différetes. Sous la première on comprend les lois générales qui servent de regle à tout l'empire…… La seconde signification de ce terme regarde l'état du gouvernement de ce vaste corps."[84] 아울러 "loix de l'Empire(제국의 법)"이 다루어진다. 그것은 "전체 독일제국의 지위와 관련된 법en lois qui regardent les états du corps germanique en général"과 "개별 국가들의 업무와 관련된 법en lois qui regardent les affaires des particuliers"으로 나누어진다.[85] "constitution"의 핵심적인 요소인 사법권司法權은 "개별국들의 업무"에 관련된 법으로 분류된다. 그러한 점에서 'constitution'은 기본법과 사법권 양자를 포괄하는 다수의 개별 규범의 상위 개념으로 나타난다.

c —국법학 문헌에서의 'constitution'
국법학 문헌에서 'constitution' 개념은 이미 훨씬 전에 국가 질서의 규범적 요소로 쓰였던 것이 확인된다. 예를 들어, 보쉬에Bossuet는 1679년에서 1703년 사이에 쓴 《성서의 말씀에서 이끌어낸 정치학

Politique tirée des propres paroles de l'écriture sainte》에서 여성의 왕위 계승 배제를 옹호하였다. "따라서, 이러한 준칙들에 의해 왕위 계승이 규율되는 프랑스는 가능한 최선의 것인 동시에 신 자신이 확립한 것에 가장 부합하는 국가 기본법constitution d'Etat을 가지고 있는 것에 대하여 영광을 누릴 만하다Ainsi la France, où la succession est réglée selon ces maximes, peut se glorifier d'avoir la meilleure constitution d'Etat qui soit possible, et la plus conforme à celle que Dieu même a établie."[86]

그러나 그 개념은 의미의 폭이 매우 넓다. 대표적인 것이 몽테스키외의 《법의 정신*Esprit des lois*》(1748)이다.[87] "constitution politique"의 오류를 정정하는 종교법의 능력은 상태적 질서라는 의미에서 "État politique(정치 상태)"를 유지하게 된다.[88] 국가 형태론이라는 의미에서 "constitution"을 프랑크 군주들의 법,[89] "일인의 통치 또는 다수의 통치gouverenment d'un seul oder de plusieurs"로 사용하는 것은[90] 전적으로 전통적 사용 분야 안에 있다. 하지만 "constitution"은 법이 특정한 국민과 국가의 개별적인 조건과 상황에 불가피하게 적응하는 데 있어 지켜야 할 척도로 간주됨으로써 그 핵심적 의미를 획득하였다. "기본법constitution이 허용할 수 있는 자유의 정도에 관련된다se rapporter au degré de liberté que la constitution peut souffrir."[91] 1748년 초판에서 몽테스키외는 이런 의미를 1749년부터는 없어진 부제副題를 통해 다음과 같이 명백히 밝혔다. "법률이 각 정부의 헌법, 풍습들, 기후, 종교, 상업 등과 가질 수밖에 없는 관련성에 관하여Du rapport que les lois doivent avoir avec la constitution de chaque gouvernement, les moeurs, le climat, la religion, le commerce etc."[92]

몽테스키외는 "liberté politique(정치적 자유)"를 그 "objet direct de sa constitution(constitution의 직접적 대상)"으로 취급함으로써 국가 기구와 연관된 'constitution'의 의미를 드러냈다.[93] 이러한 자유는 몽테스키외가 "constitution fondamentale du gouvernement(정부의 기본적 constitution)"라고 불렀던 권력 간의 상호 구속에 의해 가능해졌다.[94]

몽테스키외의 체계에서 "lois fondamentales(기본법들)"은 모든 국가형태의 기본 규정이다.[95] 이처럼 복수로 존재하는 기본법은 — 군주자신도 제기했지만 — 비로소 혁명기에 제기된 통일적 "constitution"에 대한 요구 때문에 문제가 되었다: "군주제에 하나의 헌법, 사물의 실제 상태에 더 유사한 법률들을 부여할 필요성la nécessité de donner une constitution à la Monarchie, des loix plus analogues à l'état actuel des choses."[96] 이러한 "état actuel des choses(사물의 실제 상태)"는 사상과 언어에서 국가 "헌법constitution"에 대한 혁명의 요청 외에 몽테스키외의 "자연적" 헌법 개념이 보다 전개된 형태를 의미하였다.

2. 영국

16세기 말과 17세기에 영국에서 'constitution'이라는 표현은 비록 'government(정부)'나 'fundamental law(기본법)'이라는 표현들을 완전히 밀어내지는 못했지만 점차 확고한 위치를 차지했다. 개념들은 새로운 의미 반경을 확보했고 새로운 위계를 형성했다. 영국 헌법에 대한 아철리Roger Acherley의 저술은[97] 나아가 영국 헌법 전개에서의 이 세 가지 주된 개념들을 통합하였다. 이미 여기에서 새로운 상위 개념을 식별할 수 있다.

17세기에 지배적인 지위를 갖게 된 'constitution'이라는 개념의 어원은 "body politic(정치체)"의 은유였다.[98] 1643년에 익명으로 출판된 저술인 《이 왕국의 기본법들, 또는 정치적 Constitution에 관하여Touching the Fundamental Laws, or Politique Constitution of this Kingdom》에서는 특히 개별적인 계약 성립이라는 의미에서의 "fundamental laws(기본법들)"의 복수성에 대비되는 의미가 명백해졌다. "국왕과 인민 사이의 조건을 만드는 것은…… 기본법들이 아니며, 이러한 관계를 만들어내고 지도자와 구성원으로서의…… 국왕과 신민臣民에게 존재와 실재를 부여하는 constitution에 관한 것이며, 여기서 constitution이란…… 바로 국가의 심장에, 펜과 종이로 쓰일 수 있는 것보다 훨씬 더 확고하게 쓰인 법法이다Fundamental laws…… are not things of capitulation between king and people, sondern things of constitution, creating such a relation, and giving such an existence and being······ to king and subjects, as head and members, which constitution in the very being of it is a law······ written in the very heart of the Republique, far firmlyer than can be by pen and paper."[99] 여기에서 "기본법들"은 상위의 'constitution' 개념에 단일 집합체로서 포섭되고, 동시에 이것을 형성한다는 것이 드러난다.

"the Ancient······Constitution of the Government of this Kingdom (고대 이 왕국 정부의 Constitution)"이나 "Constitution of the Kingdom(왕국의 Constitution)"[100]에서와 같이, 17세기 중반에는 보다 다양한 관련성을 지닌 용례로부터 'constitution'의 독자적인 용례로의 길이 열렸다.[101] 또한 국가 질서의 총회總和로서의 'constitution'이 독자화함에 따라 지배 권력의 한계를 부여하는 이러한 질서를 침해하는 것을[102] 통치자에게 주어진 행위의 경계를 넘는 것으로 규정할 수 있게 되었다. 1688년 의회 결의문에서 "제임스 2세가 국왕과 인민 사이의 원천적 계약을 위반함으로써 왕국의 constitution을 전복하려고 시도하고······ 기본법들을 위반하였다that king James the Second, having endeavoured to subvert the constitution of the kingdom, by breaking the original contract between king and people; ······having violated the fundamental laws"는 비난이 제기되었다.[103] 이 결의문의 논거는 "constitution"이 통치자와 인민 사이의 계약적 구속을 통해서 뿐만 아니라, 개별적인 "fundamental laws(기본법들)"를 통해서도 형성된다는 것을 확인하게 한다.

문서화: 'Verfassung'과 'Verfaßtes'

16세기에서 18세기까지의 사전들 역시 문서화된 것이라는 의미의 'Verfassung'을 반영하였다. 'Verfassung'이라는 명사는 대체로 독립된 표제어로 등재된 것이 아니라, 'fassen'이라든지 'verfassen'와 같은 동사에서 함께 언급되었다.

CHAPTER VI

Schriftlichkeit: 'Verfassung' und 'Verfaßtes'
VI. 문서화: 'Verfassung'과 'Verfaßtes'

1. 사전 영역

●●● 　 16세기에서 18세기까지의 사전들 역시 문서화된 것이라는 의미의 'Verfassung'을 반영하였다. 'Verfassung'이라는 명사는 대체로 독립된 표제어로 등재된 것이 아니라, 'fassen'이라든지 'verfassen'과 같은 동사에서 함께 언급되었다. 1561년 말러 Maaler는 "Verfassung"을 "Astrictio(고정된 것)"과 동일시했지만 그 근거는 명백히 밝히지 않았다. 다만 다수의 개별적 부분을 응축한 과정으로서의 Verfassung의 의미가 암시된다. 그러나 우선 말러는 'Verfassen'이라는 동사를 명사적 용법으로 사용하여 명명하였다. "하나의 문서로 작성하기Verfassen 또는 만들기. 무언가를 언어로 인식하기Verbis concipere aliquid. 무엇을 보여주거나 낭독하기 위해서 문서화하기in geschrift Verfassen 내지 기록하기. 받아쓰기

Excipere."[104] 1691년 슈틸러Stieler는 독일어 "Verfaßung"을 "conceptio verborum, concinnatio, provisio(언어로의 작성, 적용, 예견)"이라는 라틴어로 번역하였다.[105] 그 밖에 "전쟁 상황 Kriegsverfaßung"이라는 복합어와 "터키인은 열악한 상태Verfaßung에 있다"[106]는 표현에서는 "상태"라는 의미로 사용된다. 하이메Hayme 는 1738년에 'Verfassen', 'Verfassung'이라는 단어를 "Concipere(수용하다), Constituere(설립하다), Constitutio(구조)"라고 번역하였다.[107] 'Verfassung'과 'constitutio'는 설립하는 과정으로부터 설립된 것으로의 질적 변화를 보여준다.

2. 라이프니츠: 국가 법전Staatstafeln의 Verfassung

'Verfassung'이라는 단어가 갖는 이처럼 다양한 의미 분야들은 《일정한 국가 법전의 초안Entwurf gewisser Staatstafeln》이라는 제목으로 1685년에 쓰인 라이프니츠Leibniz의 저작에 나타난다. 라이프니츠 는 다음과 같은 개념 정의와 함께 시작한다. "나는 국가 법전 Staatstafeln을 영방정부를 향한 모든 지침의 핵심을 간략히 문서화한 Verfassung이라 부르는데 이로써 특정 영방과 관련하여 영주가 모든 사항을 쉽게 발견…… 할 수 있도록 하는 장점을 갖게 된다. 이러한 정의를 나누어 설명하면 Verfassung은, 즉 많은 것을 요약하여 짧게 정리하고 이해하는 것이어야 한다. 자연에 있는 사물이 항상 눈에 보이는…… 것은 아니기 때문에 이는 문서의 방법으로 이루어진다."[108]

"Verfassung"은 여기서 성문적인 문서화로, 그리고 그러한 활동의 결과로 나타난다. "논리적 추론과 규율이라는 법적 전범이라기보다는 단지 사실상…… 학습되어야 하는 그 무엇"이[109] 이러한 'verfaßten'된 상태 서술의 대상이다. 이러한 법전은 지배자의 "존경받는 자기 통치를 원활히 하기 위한…… 수단"으로 고안되었다.[110]

소규모의 조직체와
국가적 전체 연합

신성로마제국 황제의 권력이 미약했기 때문에 제국에서는 15세기부터 점차 제국 귀족, 도

시, 소규모 영주들의 연합체가 중요성을 갖게 되었다. 'Verfassung'의 용례는, 실질적 의미

의 헌법과 헌법 문서의 초기 형태가 지방적 영역에서 우선적으로 형성되었다.

CHAPTER VII

Kleine Organisationseinheiten und staatlicher Gesamtverband
VII. 소규모의 조직체와 국가적 전체 연합

● ● ●　　　국가적 영역에서 'Verfassung'이라는 개념의 용례를 조사하면, 전체 국가 및 이러한 전체 국가 내부의 개별 지역적, 영방적 기관들 또는 신분제적 조합체들이라는 두 가지 관찰 영역이 나온다. 신성로마제국 황제의 권력이 미약했기 때문에 제국에서는 15세기부터 점차 제국 귀족, 도시, 소규모 영주들의 연합체가 중요성을 갖게 되었다. 'Verfassung'의 용례는, 실질적 의미의 헌법과 헌법 문서의 초기 형태가 지방적 영역에서 우선적으로 형성되었다는 마이스너Meisner와 슈투르츠Stourzh의 연구에도 상응한다.[111]

1. 연합

1488년에 설립된 — 종교개혁 운동 내에서 중심적 정치 조직인 —
슈바벤연합Schwäbischen Bundes의 규약들에서 'Verfassung'이라고
칭하는 경우는 나타나지 않는다. 그 대신 'Veraynigung'(1488),
'Aynung'(1496; 1522), '공동체의……규약Ordnung der…Ainung'
(1500; 1512) 등의 표현이 사용된다.[112] 다만 1500년도에 "위에서
언급한 공동체의 Verfassung을 결의한다는 에슬링겐 공동 의결
Gemain Abschid zu Eßlingen, nach verfassung der obgemelten Aynung
beschlossen"이라는 표현이, 이전에 만들어진 "12년이 경과된 공동
체의 규약Ordnung der zwölff Jährigen Ainung"을 이 해에 다시 제정
한다는 맥락에서 사용되고 있을 뿐이다.[113] 그 내용적인 규율 대상
은 "연합의…… 법령verschreybungen…… des Bunds"이라고 표현되
어 있다.[114]

이후 연합 문서에서의 상황은 변화한다. 1531년 이후 'Verfassung'
이라는 표현은, 물론 안정된 의미는 아니었지만 매우 자주 등장한
다. "연합의 구성원들은 그들의 권한을…… 문서로 정리ire
bewegnuße…… in schrift verfassen"[115] 내지 "서술해야 하는데…… 이
들이 동의한 verfassung이 없다면in schrift stellen, ……doch unbegeben
der verfassung, wie die…… bewilliget"[116]이라는 식이다. 노르트하우젠
Nordhausen 연방 문서 초안(1531. 9. 6./9.)은 다음과 같다. "따라서
우리는 예수님의 합당한 구원을 생각하고, ……이처럼 어려운 상

황에서 시급한 구원과 방어를 위해 예수님에 대한 이해로 통일하고 합의하여 기본법verfassung을 만들어 공동체의 법령을 명확히하고 또한 이를 강고한 도움으로 삼아 전능하신 신의 자비가 허락하는 한 현명하고 정리되게verfast 만들려 한다. 이에 따라 우리는 상호간에 약간의 문서 조항에 대해 합의하는 바이다Dieweil wir aber zu christenlicher und pillicher rettung unser······ bedacht, ······, das wir in dissen······ schweren leuften einer verfassung zu eilender rettung und gegenwehr, wilche so lange zeit und bestandt haben soll, als wir uns des christenlichen verstentnus vereinigt und vertragen, wie dan solichs in der ainungsverschreibung clar zu mercken und zu befinden ist, auch desgleichen zu einer beharrlichen hilf und nachdruck, sovil muglich und got der almechtig gnad verleihen will, geschikt und verfast machen muchten. Demnach haben wir uns mitainander etlicher articul einmutiglich vertragen".[117] 여기서 'Verfassung'은 공동체Einung의 목적 및 공동체 속에서 결속된 연합 구성원에 의한 목적 실현이라는 개념 내용이 되었다. 이는 상태, 그리고 연합으로 하여금 연합의 목적을 수행하도록 하는 역량을 의미하고 포괄한다. 여기에는 공동체의 법적 기초와 그 문서화, 즉 "헌법적 법령verfassungsverschreibunge"[118]뿐 아니라 이로부터 도출되는 조직적 조치도 속한다. 예를 들어 이에 상응하여 "상황에의 대처를 위한 기본법의 채택과 집행annemung und volncziehung der verfassung zur gegenwer"[119]이 언급되었다.

2. 제국 관구管區Reichskreise

1555년의 제국집행령Reichsexekutionsordnung에 따른 제국의 관할 사항으로서 평화유지 명령Landfrieden의 보장과 집행은 1521년부터 존속한 제국의 10개의 관구에 속하는 의무였다. 이러한 관구들은 제국이 스스로 감당할 수 없는 행정 임무를 점차 자신의 작용 영역에서 넘겨받았다.[120] 1654년 11월 28일의 "오버작센 관구총회 결의문Receß des Ober-Sächsischen, allgemeinen Crays-Convents"은 'Verfassung'이라는 개념을 군사적 방어 역량이라는 포괄적 의미로 사용한다. "지원 역량과 Verfassung을 실질적으로 강력하게 하여 즉시 활용하도록die Hülfleist-und Verfassung mit würcklicher starcker Hand zuverzüglich zu Werck gerichtet" 함이 목표이라는 식이다.[121] 관구 조직 영역에서의 'Verfassung'의 이중적 의미는 목적과 기초의 구별에서 나타난다. "목적"은 "위기에 처한 관구들을 보호하고 동의되지 않은 권력의 사용으로부터 현재의 Verfaßung과 관구들을…… 방어하는 것을 의미하는 것으로 보아야 한다는 것daß gegenwärtige Verfaßung und Crays-Defension…… zu…… bedrängten Craysen Beschüzung und Abwendung unbilligen Gewalts, gemeinet und angesehen seyn solle"이었다. 또한 'Verfassung'은 "제국과 관구의 의결들 Reichs-und Crays-Abschiden"의 포괄적인 총합이라는 의미를 지녔는데 이는 이러한 의결들이 "이 헌법에 규정될 수 없는 경우in diese Verfaßung nicht gesetzt werden können"도 포함하였다.[122]

'Verfassung'이라는 단어와 개념의 이러한 용례는 관구의 상위에 있는 제국으로도 확산되었다. 예를 들자면 1570년 제국의 관구들이 모든 집행 처분에 보다 강하게 관여하라는 제국 황제의 권유에서 제국의 법령과 의결은 "모든······ 긴급 상황에서······ 보호될 수 있도록, ······항시 확실하고 신속한 verfassung과 실질적인 준비를 갖추어야 한다in ain solche bestendige gewisse und schleunige verfassung und würckhliche beraitschaft gestellet······, daran man······ zu jedem······ Notfall······ gesichert sein möge"고 요구하였다.[123]

3. '왕가'와 'Verfassung'

왕가와 Verfassung은 직접 연결되어 등장하지는 않았지만, 17세기 초부터 긴밀히 연관되어 있었다. 이들은 주로 왕위 계승 순서와 관련하여 제후 가문 내지 왕가의 계약적 또는 법률 유사적 규정들 속에서 발견된다. 이를 통해서 왕위 계승은 법적으로 확정된 명백성을 부여받게 되어 임의적이고 왕가 내부의 일이며 대개 유언에 의한 조치로서의 성격은 사라졌다. 이로써 원래는 사법적私法的인 규율 형태가 국가적 총연합체를 새롭게 조명하는 공법적 성격을 띠게 된다.

또한 왕위 계승에 관한 운영은 특히 작은 조직체에 규정된 기본법 규정들의 예가 되었다.[124] 고전의 모범에 따라 '왕가'와 '국가'의

긴밀한 관련성이 발생한다. 1733년 발히Walch는 '국가Staat' 등의 개념을, "훌륭하고 위대한 국가를 지도한다는 것은 왕가를 외적으로 존중할 만한 Verfassung으로 유지하는 것인데, 때때로 국가라는 단어만으로 이미 그러한 의미로 사용하기도 한다"는[125] 말로 설명하였다.

17세기 초부터 'Verfassung'은 "문서화"라는 의미의 범위 안에서 나타나는데, 1603년 6월 11일의 게라Gera 궁정 협약이 그 예이다. "지금부터 고귀한 우리 선제후 가문에서 지켜져야 하듯이, 우리…… 시의회가…… 성문화한…… 이러한 행위와 Verfassung은 (비록 확실히 인증되지는 못했다고 하더라도) 사용되고 확고해져서…… 모든 혼돈에 대한 준칙을 부여한다."[126]

문서로 요약된 규율이라는 개념 내용으로의 점진적인 의미 변화는 1635년의 "안할트 군주 승계법Erbeinung der Fürsten zu Anhalt"에서 감지되는데, 여기에서는 "장자 우선의 원칙이 우리 제후 가문의…… 기본 Verfassung으로…… 유지되어야 한다"고 밝히고 있다. 란트의 군주와 귀족이 이러한 의미에서 "이하의 Verfassung에 합의하였다".[127] "Fundamental-Verfassung"이라는 단어 조합이 16세기 이래 독일에서 국가에 대한 최상의 법규범으로서 실질적 헌법의 성격을 나타내는 lex fundamentalis(기본법)의 요소를 포함하고 있는 것은 의미가 있다.[128]

왕위 계승법의 지속성과 불가침성은 18세기 초에 "우리나라의 보전을 위한 신망 있는 Verfassung"의 추가적 요소가 되었다.[129] 그

것은 1713년 슈바르츠부르크Schwarzburg 군주의 왕가 협약에서 일
반적인 보장 기준을 넘어서 강조되었다. "……우리는 서로…… 이
러한…… 타협과 가약정家約定pacti familiae을 성립시키는 바, 이것
들은 영원히 유효한 법의 힘vim legis perpetuae valiturae의 성격을 갖
고, 우리 군주의 왕가에서 하나의 실용적인 규율Pragmatica Sanctio
이며, 그리고 영원히 깨지지 않는 통합, 협동, 그리고 Verfassung 속
에서 지속되어야 한다."[130]

1713년 8월 13일에 프로이센Preußen의 프리드리히 빌헬름 1세
Friedrich Wilhelm I가 내린 왕실 재산의 불가양도성不可讓渡性에 관한
칙서는 세 가지 결정적인 개념인 'Verfassung', 'Grundgesetz', 그리
고 'Constitution'을 사용했다는 점에서 특별한 것이었다. 여기서
재산의 자유로운 처분 문제는 이들 "선제후 및 제후 왕가의
Verfassung과 Grundgesetz에 따라서" 판단된다. 이 칙령은 마지막으
로 스스로를 "영속적인 Constitution"이라고 지칭하였다.[131]

'기본법Lex fundamentalis' 과 '기본법Grundgesetze

16세기로의 전환기에 독일에서는 또한 '기본법lex fundamentalis'이 사용되어 'Verfassung' 과 경합하였다. 'Verfassung'과는 달리 '기본법'은 통치자와 신분귀족들에 의해 결정된 국가와 관련하여 명확하고 독점적인 법적 내용을 가지고 있었다.

CHAPTER VIII

'Lex fundamentalis' und 'Grundgesetze'

VIII. '기본법Lex fundamentalis'과 '기본법Grundgesetze'

● ● ●   16세기로의 전환기에 독일에서는 또한 'lex fundamentalis(기본법)'이 사용되어 'Verfassung'과 경합하였다. 프루크만Friedrich Pruckmann은 — 프랑스의 모범에 따라[132]—1591/92년에 살리족 왕위 계승을 "lex fundamentalis florentissimi Galliae regni(가장 찬란한 갈리아왕국의 기본법)"이라고 명명했다.[133] 'Verfassung'과 달리 '기본법'은 통치자와 신분귀족들에 의해 결정된 국가와 관련하여 명확하고 독점적인 법적 내용을 가지고 있었다.

기본법은 민사법Zivilgesetz과는 달리 통치자 역시 통치자의 상위에 존재하는 규범에 복속시켰고, 그리하여 사회 공동체의 모든 참여자들과 구성원들로 하여금 포괄적인 국가를 인식하게 하였다. "기본법들이 기초라는 말에서 그렇게 부르게 되었다는 점에 대해서는 의심의 여지가 없는데, 그 기초는 첫 번째 장소에 세워지는 것이며, 그 장소는 건물의 전체 구조를 좌우한다Leges fundamentales haud dubie dictae sunt a fundamento, quod primo loco ponitur et qui tota aedium structura innititur."[134] '기본법'이 'absoluta potestas(절대 권능)' 내지는 'imperium absolutum(절대 권한)'에 대해서까지 기속력을 획득하기 위한 도그마적 열쇠는 그것이 갖는 사실적 또는 가상적인 계약으로서의 특성이었다. 물론 '기본법'이라는 표현은 법률이라는 뜻이어서 형식적으로는 계약의 성격에 맞지 않았다. 그럼에도 계약이라는 구조의 도그마는, 절대주의적인 로마법 격언인 'princeps legibus solutus(황제는 법률로부터 자유롭다)'와 기본 법률 혹은 'leges regnandi sive imperandi(지배하는 또는 다스리는 법률)'[135] 이 연관되는 것을 막았다. 통치자의 'potestas legislatoria(입법권)'에 포괄되는 'abrogatio legum(법률의 폐지)'[136]는 이러한 이유에서 기본법에는 적용되지 않았다. "계약의 형식"으로 형성되었던 기본법과 신분 권한의 보장이라는 기본법의 최우선 목적에는 제국의 신분 국가적 구조와 황제와 신분귀족들 사이의 계약상 지위가 명시적으로 기록되어 있었지만, 기속력 있는 기본법의 개념 속에는 계약 당사자들을 넘어서는 국가성 역시 명시되어 있었다.[137] 영방 차원의 신분귀족들이 자신의 법적 지위를 여전히 유지하던 곳에서는 이러한 이원적 국가 구조가 마찬가지로 '기본법Grundgesetze'이라는 개념을 통하여 드러났다. 예를 들어 포어폼메른Vorpommern의 신분귀족은 1720년에 신분귀족의 특권에 관계되었거나 신분귀족의 협력 아래 이루어진 모든 규정들을 "란트 특권이자 동시에 포어폼메른 공작령 안에서 기본법의 힘을 가지는 란트법Landesprivilegia, worinnen zugleich diejenige Landessatzungen, welche im Herzogtum Vorpommern vim legis fundamentalis haben"에 편입시켰다.[138] 그러나 란트 신분귀족의 권력이 란트 통치권에 비하여 정치적인 관철 능력을 상실하게 되자마자 란트 통치자의 입장에서 '기본법'이라는 개념은 주로 란트 통치자와 국가 기관에 관련되는 내용을 의미하게 된다.

'Status' 와
제국의 국가 형태

17세기의 Status 내지 Staat의 형태에 관한 논의는 18세기 Verfassung 개념에서의 국가 형

태라는 의미로 이어졌다.

CHAPTER IX

'Status' und Staatsform des Reiches
IX. 'Status'와 제국의 국가 형태

●●● 　17세기 초 이래 국법학 문헌들은 제국이 고전적 국가 형태 중 무엇에 해당할 수 있는가라는 질문에 집중적으로 몰두했다.[139] 1608년에 제국의 군주제적 형태와 이에 대한 보댕의 이견異見에 관한 내용적 토론에서 각각 달리 전개되어 온 'forma(형태)', 'lex fundamentalis(기본법)' 그리고 'Verfassung'과 같은 개념 도구를 인식할 수 있는데 이는 예외적인 것이었다. "여기서 보댕의 제자들은 국가의 기본법으로부터만 국가 그 자체의 형태를 아는 것이 가능하다고 기록하였다Regerunt hic Bodini discipuli: ex legibus Rerumpubl. fundamentalibus ipsam formam Reipubl. et non aliunde cognosci posse. 왜냐하면 그것들은 (오늘날 사람들이 말하는ut hodie loquuntur) Policey의 verfassung을 스스로 유지하기 때문이다."[140] 'Verfassung'은 여기에서 "상태Beschaffenheit/Zustand" 정도를 의미했고, 'Policey'는 "국가Staat/Regiment"와 동일시될 수 있다.[141] 이러

한 초기의 전거는 하나의 예외로 남았다. 개별 저작들의 제목에 의하면 그들의 연구 대상은 대개 'status'라는 개념을 가지고 설명되었는데, 'status'는 제국의 상태, 제국의 국가 형태 내지 제국의 국가 형태적 상태를 의미했고, "국가Staat"와 동일시될 수는 없었다.

푸펜도르프Samuel Pufendorf가 1667년에 몬잠바노Severinus de Monzambano라는 필명으로 간행한 저서인 《독일제국 상태론*De statu imperii Germanici*》이 이러한 논의에서 핵심적인 위치를 차지한다. 최초의 독일어 번역서들인 "독일제국의 상태에 관한 보고서Bericht Vom Zustande des Teutschen Reichs"(1667), 그리고 "······독일제국의 진정한 상황과 상태에 관한 솔직한 논의 또는 근본적인 보고서······offenherziger Discurs oder Gründtlicher Bericht Von der Wahren Beschaffenheit und Zustand des Teutschen Reichs"(1669)[142]는 국가 형태의 범주에서의 "상태"라는 의미[143]의 전거를 제공한다. 이 국가 형태의 범주는 18세기에 일반적으로 'Verfassung'이라는 말로 표현되었다. 볼프Christian Wolff는 "완전하고 무제한적인 최고의 지배권, 또는······ 제한된······ 지배권이 유일자에게 주어지는 공동체의 Verfassung을 제국"이라고 명명했다."[144] 1761년에는 1640년에 출판된 라피데Hippolithus a Lapide의 《국가의 본질에 관한 연구 *Dissertatio de ratione status*》[145]가 《신성로마제국의 국가—Verfassung, 국가—관계 및 필요성의 개요*Abriß der Staats-Verfassung, Staats-Verhältniss, und Bedürfniss des Römischen Reichs Deutscher Nation*》라는 독일어 제목으로 마인츠Mainz와 코블렌츠Koblenz에서 출판되었다. 프랑스와 영

국의 조어造語에서는 '상태'와 '국가' 사이의 밀접한 연관성이 인식
가능한 정도로 유지되었던 것에 반하여, 17세기의 Status 내지 Staat
의 형태에 관한 논의는 18세기 Verfassung 개념에서의 국가 형태라
는 의미로 이어졌다.[146]

법적, 법 외적 상태로서의 이중적 헌법Verfassung 개념: '국가'와 'Statistik'

호프만에 의하면 "외적 Verfassung"은 유럽 국가 상호 "국면의 상태"와 연관된다. 호프만은 오직 국가 형태 내지 "통치 형태"의 법적 상태에 국한된 "내적 Verfassung" 개념을 "국가의 공법juris publici rerum publicarum"이라는 표제 하에 두었다.

CHAPTER X

Der doppelte Verfassungsbegriff als rechtlicher und außerrechtlicher Zustand: 'Staat' und 'Statistik'

X. 법적, 법 외적 상태로서의 이중적 Verfassung 개념: '국가'와 'Statistik'

●●●　　　정치적−아리스토텔레스적 경향의 저작들은 특히 유럽 국가와 그 "상태"에 관한 해명을 통하여 세계에 관한 이해를 추구하였다. 호프만Chr. G. Hoffmann은 1720년 "유럽 현 상태의 이해Erkäntniß des gegenwärtigen Zustandes von Europa"에 관한 글에서 다음과 같은 목표를 언명하였다. "인간에게 가장 필요한 학문들 중 하나는 세상에 대한 이해이다. 인간은 세상에서 살아가기 때문에 그 국가가 어떠한 Verfassung에 있는지 또한 알아야 한다. 이러한 인식은 Statum privatum(사적 상태)보다는 Statum publicum(공적 상태)에 관한 것이다." "Verfassung"의 인식은 "내적 Verfassung"과 "외적 Verfassung"으로 나누어지는 "유럽······ 국가들의 상태에 관한 이해"[147]를 의미한다. "내적 Verfassung은 어디에서 Sedes Majestatis(폐하의 자리)를 찾을지, 폐하에 의해 좌우되는 법이 어떻게 나누어지는지에 관한 가장 중요한 질문"과 연관이 있다. " ······

각 국가의 통치 형태에 정통하게 되는 것, 누구를 통해서 또 누구의 권력을 통해서 정치체라는 조직이 움직이는지에 관한 방식을 연구하는 것이 이러한 바람직한 인식의 기초이다. 많은 국가에 특유의 기본법Grund-Gesetz이 있다…… 그 중 몇몇은 통치-형태 그 자체를 다룬다: 몇몇은 왕위 계승법과 앞으로 국가의 Verfassung이 어떻게 남아있어야 할지를 논한다."[148] 호프만에 의하면 "외적 Verfassung"은 유럽 국가 상호 "국면의 상태"와 연관된다. 호프만은 오직 국가 형태 내지 "통치 형태"의 법적 상태에 국한된 "내적 Verfassung" 개념을 "juris publici rerum publicarum(국가의 공법)"이라는 표제 하에 두었다.[149] 그러므로 공법적 — 그리고 특히 국가 형태적 — 상태로서의 'Verfassung'이라는 말은 군주제 또는 공화제적으로 통치되는 특정 국가에 연관되고 적용되는 '국가-Verfassung'이라는 합성어에서 더욱더 많이 등장하게 되었다. 예를 들어 모저 Johann Jacob Moser는 장章의 제목을 "독일제국 전반의 오늘날 국가-Verfassung에 대한 학문에 관하여Von der Lehre der heutigen Staats-Verfassung des Teutschen Reichs überhaupt", 그리고 "이탈리아…… 왕국의 오늘날 국가-Verfassung에 대한 학문에 관하여Von der Lehre der heutigen Staats-Verfassung des Italiänischen…… Königreichs"라 지었다.[150] 모저의 경험적-실증주의적 특질은 제국 공법학 내의 국가관과 헌법 서술의 대표적 경우이다. "종교와 세속적 문제에서 도대체 국가-Verfassung이 어떠한가"라는 법적 문제에 의해 보다 포괄적인 국가의 현실과 국가의 상태에 따른 Verfassung에 대한 연구가 배제될 수 없다.[151] "이때 제국과 국가가 갖는 실제의 국가-Verfassung을 더 많이 고찰할수록, 국가 운영의 지혜 Staatsklugheit이기도 한 학문이 한층 더 큰 유용성을 갖게" 될 수 있다."[152] 이에 따라 국가-Verfassung에 관한 일반적 서술에서 "formam Reipublicae(국가의 형태)에 관한" 문제는 "실용성 없는 논쟁"으로서 점점 의미를 잃었다.[153] 법적 Verfassung의 영역은 아헨발Achenwall 이래 "Statistik"이라 불렸던 "국가학Statskunde" 또는 "국가-Verfassung" 전반에서 부차적 역할을 했을 뿐이다. 법적 Verfassung의 영역은 단지 "좁은 의미의 국가-Verfassung"으로서 "넓은 의미의" 상위의 "국가-Verfassung"의 부분적 측면에 불과했다.[154] 헤겔Hegel은 "시민사회의 현실적 특질에 관한 서술"[155]로서의 국가학, 그리고 제국을 아리스토텔레스적 국가 형태론이라는 척도로 평가하려는 국가학의 헛된 시도에 대하여 권력과 국가에 관한 사상이라는 또 다른 현실을 대비시켰다. 그 귀결은 "독일 Verfassung이 어떤 개념에 해당하는가에 관해서 더 이상 논쟁의 여지가 없다. 더 이상 파악될 수 없는 것은 더 이상 존재하지 않는다"는 것이었다.[156]

영방국가와 란트헌법

귀족들이 그들의 지위를 유지할 수 있었던 곳에서는 통치자와 란트 귀족 사이의 총체적인

법적 관계 또한 문서에 의해 결정되고 정리되었다. 개별 문서들은 'Verfassung'이라는 표현

을 우선은 문서들을 성문화하여 편찬한다는 의미로 사용하였다.

CHAPTER XI

Territorialstaat und Landesverfassung
XI. 영방국가와 란트헌법

●●●   17세기 전반기에는 왕가의 규칙들이 성문화되었
을 뿐 아니라,[157] 귀족들이 그들의 지위를 유지할 수 있었던 곳에서
는 통치자와 란트 귀족 사이의 총체적인 법적 관계 또한 문서에 의
해 결정되고 정리되었다.[158] 개별 문서들은 'Verfassung'이라는 표
현을 우선은 문서들을 성문화하여 편찬한다는 의미로 사용하였다.
그러나 이러한 형식적 요소는 점차 법적 내용과 겹치게 되고, 그러
한 법적 내용은 마침내 작성된 문서 형식과 동일시되었다. 하지만
이러한 관찰 결과가 제국 차원에서는 물론 적용되지 않는다. 따라
서 영방 차원에서의 통치자와 귀족 사이의 길항 작용을 특징으로
하는 국가성은 "작성된" 역동적 규정이라는 측면에서도 제국의 보
수적인 전체 구조와 구별되었다.

영방 차원의 규정들 중 가장 중요한 내용은 신분 특권의 보장과
"정부" 내지 "통치의 질서"였다.[159] 예컨대 1661년 프로이센 공국

의 헌법 문서는 영방 통치와 귀족의 특권 확인에 관한 규정들을 통합하였고, 이 문서는 그 문서 자체에서 뿐 아니라 선제후의 서신 교환에서도 대개 단지 "정부의 Verfaßung"이라고 칭해진다.[160] 법적으로 규정된 란트 통치자와 란트 귀족 사이의 관계는 영방 차원에서 이원적 특징을 갖는 국가성과 특수한 국가 내지 정부의 형태를 'Verfassung'으로 구성하였다. 체들러Zedler는 '국가Staat'라는 표제어 아래 '국가'와 '헌법'의 밀접한 개념적 연관의 증거를 보였다. 국가는 "일반적으로 특히 공법학자들과 전문가들에게 정부 또는 정부 형태와 다르지 않으며 한 나라의 공권력과 신민들 사이에서의 Verfassung과 다르지 않다."[161]

제국의 Verfassung과
기본법들

제국 차원에서도 황제와 제국 귀족 사이의 서면 계약이 선거 협정Wahlkapitulation 형태로 존재하였다. 그러한 계약은 제국 기본법들의 영역에 속했으며, 모든 황제에게 그때그때 협상된 권리와 의무를 새로이 확정하였다. 'Verfassung'의 개념은 "지속적인" 선거 협정의 문제와 관련하여 등장했다.

CHAPTER XII

Verfassung und Grundgesetze des Reiches
XII. 제국의 Verfassung과 기본법들

●●● 　　　제국 차원에서도 황제와 제국 귀족 사이의 서면 계약이 선거 협정Wahlkapitulation 형태로 존재하였다.[162] 그러한 계약은 제국 기본법들의 영역에 속했으며, 모든 황제에게 그때그때 협상된 권리와 의무를 새로이 확정하였다. 'Verfassung'의 개념은 "지속적인" 선거 협정의 문제와 관련하여 등장했다. "die jura Reipubl(국가의 법)이 거의 항상 변동하고 der Status Imperii perpetuis mutationibus et conversionibus(제국의 지속적으로 변화하는 상태)에 좌우되어야 하기 때문에, 영구적인 것은 아니더라도 안정적이고 변하지 않는 협정이 만들어진다면…… 단기적 또는 장기적으로 제국의 복리를 위해 일정한 Verfassung이 필요해진다."[163] "우리 독일제국의 국가─Verfassung이 직접 근거하는 것은", 모저Moser에게는 ─ 모든 제국 공법학자들과 마찬가지로 ─ "독일 국법의…… 주된 근원으로서의 독일제국의 성문 기본법들"이다.[164] 그

리하여 복수형 '기본법들Grundgesetze'은 단수형 '국가─Verfassung'을 규정하였다. 모저는 훨씬 더 복잡해진 황제와 제국 귀족 사이의 관계에 대한 판단 기준을 "제국─Verfassung"의 기초인 기본법이라고 보았으며, 물론 "제국─Verfassung"을 행동 지침으로 지칭하지는 않았다. "기본법들은 또한 가장 고귀하고 강력한 제국 귀족조차 자신의 행동을 조정하고 평가하는 데에 따라야만 하는 규준으로 남아야 하며, 모든 법적 성격을 부여하는 일반적 관례를 통해 오래된 기본법들이 폐지되고 새로운 제국─Verfassung이 도입될 때까지 그러한 제국 기본법들에 반하는 모든 것은 허용되지 않는다는 점을 모두…… 고백해야 한다."[165] 이에 따라 모저는 "국가─Verfassung"을 서술함에 있어 세 가지의 목표를 추구한다. "1) 우리 독일 국가─Verfassung이 어떻게 제국 법률에 따라서 존재해야 하는지 상정해야 하며, 2) 하지만 또한 실무에서 많은 경우에 어떻게 제국 법률과 괴리되고 따라서 어떻게 현실에 맞게 형성되어야 하는지 보여야 하고, 3) 마지막으로 어떻게 독일제국을…… 현재의 Verfassung 안에서…… 지켜낼 것인지 고찰한다."[166] Verfassung은 여기서 규범적인 전체의 틀이라 볼 수 있게 되는데, 이 틀은 당위 질서라는 의미에서 기본법들을 통해 구성되지만, 항상 현실에 상응하는 것은 아니다. 따라서 기본법들이 Verfassung을 형성한다. 그러나 Verfassung은 실정 기본법 규정의 총합 이상이다. 퓌터Pütter는 1750년에 다음과 같이 밝혔다. "그리고 그때그때의 국가─Verfassung은 각 시기의 역사를 고려하지 않고는 이해할 수 없다. 즉 양자 모두가 반드시 필요한 것이다."[167] 역사적 국가학은 "지나간 시간이 현재에 가까울수록 그 국가–Verfassung이 오늘날의 것에 더욱 직접적 영향력을 갖는다는 점"에서 출발한다.[168] 이에 반하여 계몽주의 국가 철학은 제국의 현실에서 완전히 떨어져 나와서 "헌법Verfassung"을 "사회의 기본 헌법Grundverfassung"이라 규정하였다. 슐레트바인Schlettwein은 "헌법을 규정하는 계약을 헌법 계약이라 한다 …… 그 안에 담긴 규정 자체가 사회의 기본법을 구성한다"고 밝혔다.[169]

사전 분야와 학술적 정의 定義의 추구: 조어造語의 다양성과 내용의 세분화

18세기 전반의 사전과 공법 문헌에서 'Verfassung'의 세 가지 의미의 기본 방향은 유지되었는데, 그것은 "성문화", "상태" 그리고 가장 넓은 의미에서의 "질서"였다. 하지만 제국과 국가에 대한 법적인 연관성이 점차적으로 우위를 점하게 되었다.

CHAPTER XIII

Wörterbuchebene und literarische Definitionsversuche: Kombinationsvielfalt und sachliche Differenzierung

XIII. 사전 분야와 학술적 정의定義의 추구: 조어造語의 다양성과 내용적 세분화

●●● 　　 18세기 전반의 사전과 공법 문헌에서 'Verfassung' 의 세 가지 의미의 기본 방향은 유지되었는데, 그것은 "성문화", "상태" 그리고 가장 넓은 의미에서의 "질서"였다. 하지만 제국과 국가에 대한 법적인 연관성이 점차적으로 우위를 점하게 되었다. 1741년에 프리쉬Frisch는 "란트의 헌법die Verfassung eines Landes"을 "leges, consuetudines regionis(지역의 법률들, 관습들)"과 동일시한 다.[170] 1780년에 아델룽Adelung은 기존에 전래되어왔던 의미 영역 들을 새로운 서열 체계 안으로 명백히 전환하여 서술하였다. 첫 번 째로 언급되는 "문서 작성 행위는 일상 생활에서는 단지 드물게 사용될 뿐이다." 두 번째로 언급되는, "부분들을 전체로 결합하는 방식은 몇몇 소수의 경우에만 사용된다." 이에 이어서 세 번째 의미가 강조되는데, "특히 란트의 헌법die Verfassung eines Landes 혹은 란트헌법die Landesverfassung은 그 란트가 모든 분야에서 통치되고 관

리되는 방식이며, 또한 이러한 경우에는 복수형도 사용된다."[171] 체들러는 "독일 국가—Verfassung"이라는 표제어에서 이를 본질적으로 국가 형태와 이를 대신하는 대체 용어인 "독일 통치—방식", "독일 국가—체계", "독일 통치—형태", "독일제국—국가", "독일 신성로마제국의 국가—Verfassung"으로 이해했고, 그것들에 라틴어 표현인 'status(상태)', 'forma(형태)', 'systema(체계)'를 병렬하였다. 국가 형태 규정의 불확실성은 Verfassung 개념의 개방성을 나타내는 것이었다. "이미 수많은 정치학자들과 기타 학자들이 국가—Verfassung의 이름 앞에 대체 무엇을 붙여야 할지 거의 알지 못하면서 우리 독일제국의 국가—Verfassung과 맞닥뜨렸다."[172]

제국과 그 영방들을 각각 개별적으로 볼 때는 물론 양자를 상호 연결하여 보더라도 제국과 영방들의 국가성은 신분적·영방적·내용적으로 정의할 수 있는 제도들의 복합체로 나타났기 때문에, 이에 상응하여 다수의 부분—'Verfassung'들로도 지칭되었는데, 이는 포괄적인 상위 개념으로 향하는 경향이 포착됨에도 불구하고 그러하였다.[173] 예를 들어 슈페너Spener는 1723년 이전에 출판된 《제국과 군주 국가*Reichs-und Fürsten-Staat*》에서 "통치 국가, 왕실 국가, 전쟁 국가, 봉토 국가, 조합 국가, 란트 국가, 법률 국가……의 Verfassung"이라는 법의 영역들로 분류하였다.[174] 17세기 이래 문헌과 문서를 보면, 그 밖의 내용 영역과 조직 영역에서 풍부한 개념의 조합들을 발견할 수 있다.

코젤렉의
개념사 사전 9
해방
Eman
zipa
tion

바텔의 'Constitution'과 'Nation'

바텔Emer de Vattel은 1758년 'constitution'의 개념에 처음으로 독자적인 정의를 부여했는

데, 이는 비록 부분적으로는 전통적인 요소인 '국가 형태', '공공 복리', '국가 정치체', 기

본법' 그리고 '기속력' 등과 연결되기는 했지만 새로운 차원의 내용을 지니는 것이었다.

CHAPTER XIV

'Constitution' und 'Nation' bei Vattel

XIV. 바텔의 'Constitution'과 'Nation'

● ● ●　　　바텔Emer de Vattel은 1758년 'constitution'의 개념에 처음으로 독자적인 정의를 부여했는데, 이는 비록 부분적으로는 전통적인 요소인 '국가 형태', '공공 복리', '국가 정치체', '기본법' 그리고 '기속력' 등과 연결되기는 했지만 새로운 차원의 내용을 지니는 것이었다. "국가의 헌법을 형성하는 것은 공권력이 행사되어야 하는 방식을 결정하는 근본적 규율이다. 국민이 정치적 단체로서 활동하는 형태가 나타나는 것은 헌법에서이다Le réglement fondamental qui détermine la manière dont l'autorité publique doit être exercée, est ce qui forme la constitution de l'Etat. En elle se voit la forme sous laquelle la Nation agit en qualité de corps politique." 자기 결정권을 가진 정치 단체로서의 국민이 새롭게 우월한 심급으로 소개된다. "이 헌법은 근본적으로는 한 국민이 그 정치 사회의 설립을 통해 달성하고자 하는 이점들을 획득하기 위해 그 속에서 함께 노력할

것을 자신에게 제안하는 어떤 질서를 정립하는 것과 다른 것이 아니다Cette constitution n'est dans le fond autre chose, que l'établissement de l'ordre dans lequel une nation se propose de travailler en commun à obtenir les avantages en vue desquels la société politique s'est établie."[175] 바텔은 "lois politique, fondamentales et civiles(정치법, 기본법 그리고 시민법)을 다음과 같은 방식으로 구별했다. "직접적으로 공익을 위해 만들어지는 법이 정치법이다. 그리고 그러한 부류 가운데 사회적 신체 그 자체와 그 본질, 정부의 형태, 공권력이 행사되어야 하는 방식에 관련되는 것들, 즉, 집합적으로 국가의 헌법을 형성하는 것들을 한 단어로 말한 것이 기본법이다Les Lois qui sont faites directement en vue du bien public sont des lois politiques; et dans cette classe, celles qui concernent le corps même et l'essence de la société, la forme du gouvernement, la manière dont l'autorité publique doit être exercée, celles en un mot, dont le concours forme la constitution de l'État, sont les lois fondamentales."[176] 최고 심급으로서 "국민"이 새로이 원칙적 우위를 지니게 되었다는 것은 오직 국민만이 "constitution"을 제정하는 권한을 부여받게 되었음을 의미한다. "따라서 국민이 자신의 헌법을 형성하고, 유지하며, 완성하고, 정부와 관계된 모든 것을 그 의지에 따라 규율할 완전한 권리를 가진다는 점은 명백하며, 누구도 이것을 정당하게 방해할 수 없다. 정부는 국민을 위해서만 설립된다Il est donc manifeste que la Nation est en plein droit de former elle-même sa constitution, de la maintenir, de la perfectionner, et de régler à sa volonté tout ce qui concerne le gouvernement, sans que personne puisse, avec justice, l'en empêcher. Le gouvernement n'est établi que pour la Nation."[177] "constitution"은 국민 자신에서 유래한 것이 아닌 모든 간섭으로부터 벗어나게 되었다[178] 이러한 국민의 자율적 지위는 그때까지 통상적으로 받아들여지던 "lois fundamentales(기본법)"의 계약적 구성의 지반을 무너뜨렸다. 바텔은 몽테스키외적 의미에서 모든 민족에게 보편타당한 "constitution"의 가능성을 부정했다. "다른 한편, 다양한 국가의 법률과 헌법은 인민의 성향과 그밖의 다른 사정들에 따라 필연적으로 달라질 수밖에 없다D'ailleurs les lois et la constitution des divers États doivent nécessairement varier suivant le caractère des peuples et les autres circonstances."[179]

Verfassung과 입법

란트–Verfassung 내지 이것이 포괄하는 기본법의 우월성은 통치자에 대한 기속력을 의미

할 수 있을 뿐 아니라, 헌법이 란트의 일반적 입법에 대한 준칙이 되도록 할 수도 있는 것

이다. 제국 공법학은 이에 관하여 실증주의적으로 논증하였다.

CHAPTER XV

Verfassung und Gesetzgebung
XV. Verfassung과 입법

● ● ●　　　란트-Verfassung 내지 이것이 포괄하는 기본법의
우월성은 통치자에 대한 기속력을 의미할 수 있을 뿐 아니라, 헌법
이 란트의 일반적 입법에 대한 준칙이 되도록 할 수도 있는 것이다.

제국 공법학은 이에 관하여 실증주의적으로 논증하였다. 모저는
영방 차원의 입법에 대한 란트 귀족의 참여 문제를 귀족의 법적 지
위를 통하여 판단했는데, 그는 "란트-Verfassung"과 귀족의 법적 지
위를 동일시한 바 있다. "란트 귀족이 새로운 법률의 제정과…… 오
래된 법률의 폐지에 참여하는 것은…… 그 안에 란트-Verfassung, 계
약, 자유에 반하는 내용이 없음을 확인하기 위해서이다."[180]

제국 차원에서는 신분 국가적으로 분열된 제국의 전체 구조와 제
국의 비효율적 조직 상태로 인하여 포괄적 입법이 좌절되었다.
1800년에 라이테마이어Reitemeir는 "독일의 정치적 Verfassung이 입
법의 개선을 위해서는 열악하다는 점"을 비판하였다.[181]

이성법적 경향의 논증에서는 "란트-Verfassung"을 입법이라는 형성 수단에 선재하는 자연 조건이라는 맥락에서 뿐 아니라, 법적 조건이라는 맥락에서도 이해하였다. 각 국가 형태에 의해 결정되는 헌법에 법률을 적응시키라는 아리스토텔레스의 요구는 몽테스키외의 모델과 언어에서 이성법 일반의 헌법적 요구가 되었으며, 이 헌법적 요구는 18세기의 법전 편찬 논쟁에 영향을 주었다. 이러한 의미에서 예컨대 마이스터Meister는 1786년에 스위스 연방 국법의 맥락 속에서 "이 공화국의 법률들"에 대해 언급하였는데, "이러한 법률들은 국민성 및 도덕성과 연관되며 또한 물론 국가의 Verfassung과 정치적 의도, 특히 각종 자연적 조건에 의해 구성된다"고 하였다.[182] 그러나 여전히 유지를 목표로 하는 Verfassung의 의미에 관해서는 "법률이 국가의 현재 Verfassung에 완전히 맞게 만들어져야 하는가, 아니면 가능한 한 어긋나서는 안 되는 것인가"라는 문제가 있다. "나는 Verfassung이 완벽하여 이를 준수할 이유가 있다고 가정할 수 있는 경우라면, 이 문제에 긍정의 대답을 할 것이다."[183] 국가 형태라는 정적인 의미로 규정된 Verfassung에 있어서는 어쨌든 입법에 의해 Verfassung을 개정할 여지가 없었다. 예컨대 프로이센의 입법자에게는 "오직 이성과 란트-Verfassung에 기초하는 독일 일반 란트법을 완성할"[184] 의무가 있었다. 다른 한편으로, 새로운 "법전이…… 기존의 법령과…… 제도 및 Verfassung에 영향을 주리라는 점이"[185] 법전 편찬자들에게는 명확했다.

Verfassung은 — 어떠한 내용이더라도 — 상위 규범으로서 행위의 틀을 부여하는 기속력을 지니므로, Verfassung 자체가 이미 이루어진 행위의 평가 척도가 될 수 있다. 그것은 예를 들어 18세기 중반 이래, 관구Kreis 의회 문서에 나타나는 용례에도 보인다. "자연적이고 Verfassung에 합치하는 기속natürlicher Verfassungs—mäßiger Verbindung"(1745/46), "제국 기본법에 합치하는 보호Reichs—Grund—Gesetzmäßig verknüpffte Beschützung"(1747), 그리고 "관구Kreis를 제국 헌법에 합치하는 Verfassung으로 유지할 것den Creyß bey seiner Reichs—Constitutions—mäßigen Verfassung zu erhalten"(1748).[186] 따라서 "결정의 근거를 뒤바꾸어 사용하는 것은 Verfassung에 극히 위반되는 행위"로 규정되었다.[187]

민사법과 헌법의 편찬

국가의 헌법과 그 헌법이 기초하고 있는 기본법이 확고하고 흔들리지 않는 만큼만 국가의

복리가 지속적일 수 있다. 계약 성립을 위해 완전하고 자유로우며 자연스러운 양 당사자

의 동의가 있어야 함은 주권자와 국민으로 이루어진 연합체의 계약이 갖는 본질, 즉 국가

기본법의 본질이다……

CHAPTER XVI

Kodifikation des Privatrechts und der Verfassung

XVI. 민사법과 헌법의 편찬

● ● ●   　18세기의 이성법적 법전 편찬의 시기에는 또한 통일적 헌법을 지향하여 기본법의 헌법적 규정들을 법전화하는 문제가 현안이 되었다. 민사법의 법전 편찬은 이중의 관점에서 국가 헌법과 관계가 있었다. 하나는 란트 헌법을 따라 일반적 입법을 하려는 경향을 통해서이다.[188] 두 번째로는, "법과 불법에 관한 견고하고 튼튼하며 지속적인 원칙을 확인할 과제를 갖고 있는 일반적 입법은 특히 고유한 기본 헌법이 없는 국가에서는 그 자리를 대신해야 하므로…… 단순한 일시적 요구나 현상에 머무를 수 없다."[189] 오스트리아에서는 1790년에 존넨펠스Joseph von Sonnenfels가 "헌법의 결여는 자의적 권력을 상기시키며, 자의적 권력에는 정부가 아니라 무정부 상태만 존재하므로, 국가 헌법 없이는 합법적 정부를 생각할 수 없다"고 강조하였다.[190] 원시의 자연 상태로서 "무정부 상태"는 "시민적 헌법"을 통하여 일찍이 극복되었으나,[191] 아직도

국가 조직과 권력 기속 규정에 관한 통일적·체계적 문서 제정은 존재하지 않았다. 국가의 헌법에 있어서 역시 "ius certum(확정된 법)"을 제정하자는 1773년 클라프로트Claproth의 계몽주의적 요청에 따르면, "이것은 불확정한 전통이나 고대의 잔재에서 그 기원을 찾기보다는 그 자체의 단락 안에서 규정하기를 바람에도 불구하고, 오늘날 국가 헌법에 관한 입법이 거의 이루어지지 않고 있다."[192] 그 자체로 완결되고 문서로 확정된 "국가 헌법"에 대한 요구는 계몽주의의 시대 정신 안에 일반적으로 존재하였다.

1790년경 신분제적 헌법의 부활 논의에서 '기본법Grundgesetze'이라는 전통적 개념이 다시 수용되었으나, 이제 그 개념은 프랑스 혁명의 경험에서 얻은 새로운 이해를 담고 있었다. "국가의 헌법과 그 헌법이 기초하고 있는 기본법이 확고하고 흔들리지 않는 만큼만 국가의 복리가 지속적일 수 있다. 계약 성립을 위해 완전하고 자유로우며 자연스러운 양 당사자의 동의가 있어야 함은 주권자와 국민으로 이루어진 연합체의 계약이 갖는 본질, 즉 국가 기본법의 본질이다…… 그러므로…… 귀족은 새로운 란트 질서가 그 형식에 있어 란트 기본법이라고 선언할 것을 요구한다."[193] 언어상言語像과 논증에서 볼 때 보헤미아 지역의 신분귀족들은 혁명적 계몽시대의 진보적 국가 이념을 정확히 알고 있었으며, 이러한 개념들('헌법 Constitution', '국민Nation')을 묘사함에 있어 전통적 개념('기본법 Fundamentalgesetze', '계약Vertrag')과 연결하여 자신들이 가진 보수적이고 신분제적인 법적 지위를 정치적으로 효과적인 방식으로 옹호

할 줄 알았다는 것이 나타난다.[194]

하인츠 몬하우프트

하인츠 몬하우프트 Heinz Mohnhaupt(1935~)

1935년에 튀링겐주의 고타에서 출생. 괴팅겐대학에서 법학을 전공. 1962년 "16세기부터 19세기까지의 괴팅겐시 헌법"을 주제로 박사학위를 취득하였고, 1966년부터 프랑크푸르트의 막스플랑크 유럽법제사연구소에서 연구원으로 근무하였다. 1979년에는 동 연구소의 교수 자격을 취득하였다. 주된 연구 분야는 법원法源론, 헌정사, 비교법제사 등이며 2000년 정년퇴임 후에도 연구 활동에 정진하고 있다. 몬하우프트 교수는 또한 막스플랑크협회의 인문학위원회 위원으로 장기간 활동하였고, 1988년에는 막스플랑크 유럽법제사연구소장을 대리하기도 하였다.

헌법 ‖ 헌법/기본법

전개 방향

18세기 후반에 국가 통치권의 전반적인 입법화 경향이 발견되는데, '헌법Verfassung' 개념 역시 이에 해당한다. 'Verfassung'은 처음에는 국가의 정치적 상태를 포괄적으로 표현한 경험적 개념이었지만, 점차 비非법적인 구성 요소들을 배제하여 법적으로 새겨진 국가의 상태로 집약되어갔다.

CHAPTER XVII

Entwicklungsrichtung
XVII. 전개 방향

●●●　　18세기 후반에 국가 통치권의 전반적인 입법화 경향이 발견되는데, 'Verfassung' 개념 역시 이에 해당한다. 'Verfassung'은 처음에는 국가의 정치적 상태를 포괄적으로 표현한 경험적 개념이었지만, 점차 비非법적인 구성 요소들을 배제하여 법적으로 새겨진 국가의 상태로 집약되어갔다. 'Verfassung'은 근대 입헌주의로의 이행 이후 마침내 국가 통치권의 조직과 행사를 규율하는 실정법과 합치됨으로써 서술적인 개념으로부터 규범적인 개념이 되어갔다. 이러한 전개 과정 속에서 — 이 《개념사 사전》이 코젤렉의 서문에서 발견법적으로heutistisch 예견하는 바처럼(Bd.1, XV-XIX) — 1770년 이래 정치적 언어의 의미 변화를 특징짓는 몇몇 징표들이 'Verfassung' 개념에서 역시 확인된다. Verfassung 개념은 규범적으로 채워졌으며 이데올로기화하였다. 이에 따라 오직 일정한 형식상의 또는 내용상의 특성을 보여주는 질서만이 'Verfassung'으로 인

정된다. 이처럼 두드러지게 된 이 개념은 언어적으로 더 이상 어떠한 대상도 필요로 하지 않으며, 오히려 스스로를 나타낼 뿐이다. 동시에 'Verfassung'은 이제 비로소 역사적으로 이행될 수 있는 일정한 기대를 담지하는 목적 개념이 되었다는 의미에서 시간적으로 한정되었다. 그러나 법적으로 국한된 Verfassung 개념이 논쟁의 여지가 없는 지배적 지위를 누린 적은 없었다. 한편으로는 근대 입헌주의의 반대자들이 이전의 상태적이고 중립적인 Verfassung 개념을 유지하려 하였고 이러한 개념은 물론 그 입장에서 정치화되었다. 다른 한편 헌법 국가의 공고화 이후 실정 헌법Verfassungsgesetz이 이에 연결된 기대를 충족시키지 못하게 되자 바로 법적 Verfassung 뒤에 놓인 결정 요소에 대한 의문이 다시 제기되었다. 그러자 보다 포괄적인 정치적–사회적 Verfassung에 다시 관심이 쏠렸다. 바이마르 공화국에서 법적 Verfassung과 정치적–사회적 Verfassung의 관계는 헌법 논쟁의 중심으로 옮아갔는데, 결국 국가사회주의가 문제를 전적으로 규범적 헌법을 훼손하는 방향으로 결정하게 된다.

코젤렉의
개념사 사전 13
근대적/근대성, 근대

Modern/
Moder
nität,
Moderne

입헌주의의 시작

북아메리카와 프랑스에서 두 성공적인 혁명으로 근대적 헌법들Konstitutionen이 제정되었

을 때와 같은 시기에, 독일에서는 아직도 그 의미와 대상을 불문하고 'Konstitution'을 황

제가 공포한 법률이라고 이해했다.

CHAPTER XVIII

Die Anfänge des Konstitutionalismus
XVIII. 입헌주의의 시작

1. 혁명 전의 용어

● ● ● 　　　북아메리카와 프랑스에서 두 성공적인 혁명으로
근대적 헌법들Konstitutionen이 제정되었을 때와 같은 시기에, 독일
에서는 아직도 그 의미와 대상을 불문하고 'Konstitution'을 황제가
공포한 법률이라고 이해했다. 이에 반해서 통치권의 행사를 규율
한 규범은 'Grundgesetz(기본법)' 또는 'leges fundamentales(기본법)'
이라고 불렀다. 마지막으로 'Verfassung'은 규범적이기보다는 국가
의 상태를 가리키는 경험적인 개념으로 사용되었다. 이러한 상태
는 역사적 전개의 산물, 실제적 조건들의 산물, 그리고 법적 확정의
산물일 수 있다. 하지만 국가의 상태는 다만 기본법을 통해 형상화
될 수 있을 뿐이다. 자연법적 계약론은 관행적으로 그 상태를 이러
한 한정된 의미에서 이해한다.[195] 자연 상태와 결별하고 국가로 결

합하는 합의pactum unionis와 정부 형태의 확정pactum ordinationis 및 통치자에게 복종하겠다는 성명pactum subiectionis으로 이루어진, 세 가지의 계약 도식이 독일에서 선호되었다. 그 중 두 번째 계약이 점점 더 'Verfassung 계약'으로, 그 대상이 '국가 Verfassung'으로 칭하여진다. "Verfassung을 규정하는 계약은 Verfassung 계약이라고 불린다. 이에 포함되는 규정들이 공동체의 기본법을 이룬다."[196] 따라서 Verfassung 계약과 기본법은 동일한 사안의 두 측면으로 보인다. Verfassung 계약이 그 과정에 치중하는 반면에 기본법은 그 생산물을 표현한다. 그렇다면 Verfassung은 계약을 통해 형성되고 기본법적으로 규정된 국가의 정치적 상태이다. 제국의 공법학도 유사한 태도를 취했는데, 여기서는 물론 국민의 pactum ordinationis 자리를 황제와 신분 대표 사이의 계약들이 대신한다. 계약에 근거할 때 기본법은 Verfassung이 통치자에 의해 일방적으로 개정되는 것을 배제한다. "최고의 권력은 우선 이러한 법에 의해 발생하며, 법이 권력으로부터 기인할 수 없다. 그렇기 때문에 또한 최고의 권력은…… 국가의 기본법에 대해서 권리를 갖지 않고, 오히려 이 점에서 개정을 시도할 수 있는 것은 전체 국민이다."[197] "이에 따라 국가에서 두 가지 권력, 즉 국가의 기본 Verfassung을 통해 채택된 실제 작동하는 최고의 권력과 이를 발생시키고 기본 Verfassung에 의문이 있거나 또는 국가가 멸망하는 극도의 위험이 발생하지 않으면 정지된 상태에 있는 전체 국민의 기본 권력을 구별해야 한다."[198] Verfassung에 대한 이러한 이해에 따르면 Verfassung이 없는 국가는 존재하지 않는다. 오히려 국가가 있는 곳에 Verfassung이 있고, Verfassung이 존재하지 않는 곳에서는 자연 상태가 지배한다. 하지만 매우 다양한 Verfassung의 내용이 가능하다. 계약이라는 형태에 의해 Verfassung의 문제는 결정될 수 있는 문제가 된다. 문제가 되는 정부 형태와 관련하여, 학설은 완전히 아리스토텔레스적인 도식을 견지한다. Verfassung 개념은 어떤 정부 형태에 특별히 접근하지도 않고 어떤 것을 배제하지 않는다. 마찬가지로 일정한 문서의 형태로 고정되지도 않는다. 이러한 점에서 근대 입헌주의는 이후 다른 길을 가게 된다.

2. 영국에서 'constitution'의 의미

근대 입헌주의는 영국에서 성장하지만, 그곳에서 완성된 것은 아니다. 앵글로색슨 언어권에서[199] 'constitution'은 무엇보다 형식적으로 공포된 개별 법률과 다르지 않았다. 이런 의미는 귀족과 평민이 법률 제정에 참여하면서 점차 'statute(법령)'이라는 표현에 의해 배제되었다. 그에 반해 통치권 행사 방법은 'form of government(정부 형태)'라 한다. 하지만 17세기에 'constitution'은, 부분적으로는 '정부 형태'와 같은 뜻이며 부분적으로는 'fundamental law(기본법)'과 같은 뜻인, 새로운 의미로 나타난다. 1610년 제임스 1세James I의 새로운 관세 요구에 관한 의회 토론에서 화이트로크Whitelocke

는 왕의 결정이 "이 왕국 공동체의 자연적인 틀과 constitution에 반하는 것against the natural frame and constitution of the policy of this kingdom"이라고 한다.[200] 이러한 용례에서 constitution은 독자적으로 쓰이기보다는 오히려 대상, 즉 '(body politic(정치 공동체)'의 의미에서의) policy(공동체)를 필요로 한다. 1642년에 찰스 1세Charles I를 위해 의회를 향해 작성된 답변에서 이러한 용례가 다시 나타나는데, 여기서 "ancient, equall, happy, well-poised and never-enough commended Constitution of the Goverment of this Kingdom(고대의 평등하고 행복하며 균형 잡히고 결코 충분한 칭찬을 받지 못한 이 왕국 정부의 Constitution)"을 논거로 내세웠으며 이는 얼마 후 단지 간략하게 "excellent Constitution of this kingdom(이 왕국의 훌륭한 Constitution)" 이라 불렀다.[201] 1642년 내전 발발과 함께 'constitution'의 복수형 사용이 잦아지는데, '기본법'과 같은 의미였다. 여기서 'constitutions' 라는 표현은 'laws'에 대비하여 보다 제고된 형식성을 강조하는 장점을 지녔다. 1643년 익명의 저작인 《이 왕국의 기본법들, 또는 정치적 Constitution에 관하여Touching the Fundamental Laws, or Politique Constitution of this Kingdom》가 등장한다.[202] 찰스 1세는 1649년 공소에서 왕국의 "fundamental constitution(기본 constitution)"을 위반한 죄책을 졌다.[203] 이에 반하여 그의 사형 집행과 왕정 폐지 후에 반포되고 작성된 1653년의 크롬웰Cromwell의 헌법은 'constitution'이라는 제목을 붙이지 않고, 오히려 공식적으로는 "잉글랜드, 스코틀랜드, 아일랜드, 그리고 그 영토들의 연방의 정부The Govern ment of the Commonwealth of England, Scotland, and Ireland, and the dominions thereunto belonging", 관용적으로는 "통치 장전 Instrument('document(문서)'와 같은 뜻) of Government"이라고 한다.[204] 반면 로크Locke는 그의 1669년 노스캐롤라이나North Carolina 헌법 안에 명확하게 "캐롤라이나 기본 헌법Fundamental Constitutions of Carolina"이라는 이름을 붙인다. 만약 120개조의 "기본 헌법 Fundamental Constitutions"이 "영구히 신성 불변한 캐롤라이나 정부 의 형태와 규칙the sacred and unalterable form and rule of government of Carolina for ever"이라고 한다면, 이 문서에서 'constitution'의 두 뿌리가 서로 만나는 것이다.[205]

공식적 텍스트에서 'constitution' 개념은 우선 1688년 제임스 2 세James II의 퇴위와 관련해서 비로소 도입된다. 왕은 "왕국 constitution을 전복한to subvert the constitution of the kingdom"[206] 죄 책을 졌다. 명예혁명 이래 단수형의 "영국 헌법British constitution" 은 확고한 관용어에 속하게 된다. 이 표현은 항상 국가 조직의 기본 규정과 관계되는데 이를 위반하면 결과가 따른다. 블랙스톤 Blackstone에 따르면 "대중에 대한 일상의 억압ordinary public oppression"으로 "헌법의 핵심이 공격받지 않는다면the vitals of constitution are not attacked" 보통의 구제 수단이 있게 된다. 그러나 억압이 "헌법을 파기하고 정부의 근본을 전복하며to dissolve the constitution and subvert the fundamental of government", 또한 "위헌적 억압unconstitutional oppressions"을 목표로 한다면, 인민은 저항권을

갖는다.[207] 머지않아 아메리카 식민지 주민들이 이 저항권을 근거
로 내세웠다.

3. 북아메리카에서 근대 입헌주의의 관철

영국에서 명예혁명 이후에 형성된 어휘 사용에 기대어, 북아메리
카의 "Colonial Forms of Government(식민지 정부 형태)" 혹은 "Colonial
Charters(식민지 헌장)"은 이미 18세기 중반에 종종 'constitution'으
로 지칭된다. 영국에서와는 달리 여기서의 constitution은 성문의,
하나의 문서에 집약된 법 규범으로서, 국가 권력의 권한과 한계가
자신에게 기속되도록 확정하는 것을 의미한다. 1764년 모국과의
분쟁 발발 이후에 식민지인들은 처음에는 이러한 생각을 영국 헌법
에도 전용함으로써 자신들의 권리를 방어하기 위한 논거로 내세웠
다. "모든 자유로운 국가에서는 헌법은 고정되어 있으며, 최고의
입법권은 그 권력과 권한을 헌법으로부터 가져오기 때문에, 그 자
신의 기초를 파괴하지 않고서는 헌법의 한계를 뛰어넘을 수 없다In
all free states the constitution is fixed, and as the supreme legislative derives
its power and authority from the constitution, it cannot overleap the
bounds of it without destroying its own foundation."[208] 하지만 모국이
이러한 헌법 이해를 받아들이지 않고 거부하자 식민지인들은 영국
왕실과 단절하고 독자적인 국가 권력의 창설로 나아갈 수밖에 없었

다. 여기서 식민지 전통에 비추어볼 때, 헌법의 형태로 이루어져야 함은 의심의 여지가 없다. 그러나 이것은 세 가지 관점에서 영국의 것과 다르다. 첫째로 헌법은 문서로 기록된 것이어야 하는데, "헌법은…… 관념적이 아니라 현실적인 존재성을 지니는 것이기 때문이다. 따라서 눈에 보이는 형태로 만들어질 수 없다면 헌법은 존재하지 않는다a constitution…… has not an ideal, but a real existence; and wherever it cannot be produced in a visible form, there is none." 둘째로 헌법은 국민으로부터 나와야 하고, 국가 권력이 마음대로 처분할 수 없는 것이어야 한다. "헌법은 정부에 선재先在하는 것이고, 정부는 단지 헌법의 피조물일 뿐이다. 한 나라의 헌법은 정부가 만드는 것이 아니라 정부를 구성하는 인민이 만드는 것이다A constitution is a thing antecedent to a government, and a government is only the creature of a constitution. The constitution of a country is not the act of its government, but of the people constituting a government."[209] 이제 이 두 가지 전제가 '헌법Verfassung'의 개념 징표가 되어서, 페인Paine이 헌법 문서가 결여된 점과 영국의회가 국민에게 문의하지 않고 자신의 임기를 스스로 연장시킨 1716년의 "Septennial Act(7년법)"을 들어, 영국에는 헌법이 전혀 존재하지 않는다고 주장할 정도였다.[210] 셋째로 혁명적 경험 후에 헌법은 내용적으로 확장되어, 순수한 정부 형태에서부터 인권의 형태로 국가 권력을 실질적으로 구속하는 것에까지 미치게 된다. 바로 그러한 인권의 보호에서 헌법은 이제 고유한 의미를 획득한다. 1776년 "콩코드 타운 미팅Concord Town

Meeting"(매사추세츠)은 "적절한 관념에서 헌법은, 통치하는 측의 모든 침해에 대항하여 피치자들이 자신의 권리와 특권을 소유하고 누리는 것을 보장하기 위해 확립된 원리의 체계를 의미한다that a Constitution in its proper idea intends a system of principles established to secure the subject in the possession and enjoyment of their rights and privileges, against any encroachments of the governing part"고 선언한다.[211] 최초의 인권선언인 버지니아 권리장전은 여전히 헌법의 테두리 밖에 놓여 있는데, 여기서의 헌법은 별도로 공포되어 "헌법 또는 정부 형태"라고 부르던 것이다. 그러나 바로 그 다음에 권리선언은 헌법의 구성 부분이 된다. 예컨대 펜실베이니아 주는 이렇게 정식화한다. "우리는…… 다음과 같은 권리선언과 정부 형태를 제정, 선언, 확립함으로써 이 나라의 헌법으로 삼는다We…… do ordain, declare and establish the following Declaration of Rights and Frame of Government, to be the constitution of this commonwealth."[212]

4. 프랑스에서 미국 헌법 개념의 수용

얼마 후에 프랑스에서 전래의 국가 권력이 파국을 맞게 되자, 이곳에서도 역시 법제화되고 형식화되며 내용적으로 충전된 헌법 개념이 국가 재건 과정에서 관철된다. 이것은 프랑스의 이론에서는 예견하지 못한 것이었다. 몽테스키외와 드 롤므de Lolme는 자유로운 영국 헌법의 명성을 전파하기는 하였지만 완전히 전통적인 헌법 개념을 염두에 두고 있었다.[213] 루소Rousseau조차도 아직 헌법에 관해서는 완전히 관습적인 범위에서 움직였다. 그는 법률을 "loix civiles(민법)", …… "loix criminelles(형법)", 그리고 "loix politiques(정치법)" 내지 "loix fondamentales(기본법)"으로 나누고 나서 "정부의 형태를 구성하는 것qui constituent la forme du Gouvernement"은 마지막의 두 가지라고 말했다. 그러나 "국가의 진정한 헌법véritable constitution de l'Etat"은 네 번째 유형의 법률에 근거한다. "나는 도덕, 관습, 그리고 특히 여론에 대해 말하고자 하는 것이다Je parle des moeurs, des coutumes, et sur—tout de l'opinion."[214] 바텔이 "constitution"을 "공권력이 행사되어야 하는 방식을 결정하는 근본적 규율règlement fondamental, qui détermine la manière dont l'autorité publique doit être exercée"로 정의했을 때 헌법과 법 규범은 처음 일치하게 된다.[215] 그러한 "규율"은 바텔에게는 오직 국민Nation으로부터만 나올 수 있지만 아직 어떤 특정한 내용이나 특정한 형태로 확정된 것은 아니다. 이러한 징표들은 혁명을 통해 비로소 헌법 개념에 속하게 된다. 여기서 시에예스Sieyès가 결정적인 역할을 한다. 그에게 있어서 통치는 국민으로부터 위임받은 직책을 통해서만 정당화할 수 있는 것이다. 위임 관계가 헌법의 조건이다. "어떤 목적을 가진 단체를 창설함에 있어 그것에 부여하고자 한 기능들을 수행하도록 하기 위한 조직, 형태 및 고유한 법률을 부여하지 않는 것은 불가능하다. 이것이야말로 그 단체의 헌법이라고 불리는 것이다. 그 단체가 헌법 없이 존재할 수 없다는 것은 자명하다. 따라서 모든 위임받은 정부가 헌법을 가져야 한다는 것 역시 자명하다Il est impossible de créer un corps pour une fin sans lui donner une organisation, des formes et des lois propres à lui faire remplir les fonctions auxquelles on a voulu le destiner. C'est ce qu'on appelle la constitution de ce corps. Il est évident qu'il ne peut pas exister sans elle. Il l'est donc aussi que tout gouvernement commis doit avoir sa constitution."[216] 이에 반해 국민은 헌법이 없더라도 자연법에 의해 존재하며 항상 헌법 상위에 "pouvoir constituant(헌법 제정 권력)"으로 존재한다.[217] 국민은 헌법을 통해 통치 임무를 배분하고 한계 지으며 자신의 자연권을 보장한다. 무니에Mounier는 여기에 기대어 국민회의 헌법위원회Verfassungsausschuß der Nationalversammlung에 "헌법Constitution"이란 "통치 방식에 고정되고 정립된 질서qu'un ordre fixe et établi dans la manière de gouverner"에 다름 아니며, 말하자면 "상이한 권력들의 권한과 의무 표현l' expression des droits et des obligations des différents pouvoirs"으로 이해된다고 보고했다.[218] 여기에는 정부 형태로서의 Verfassung이라는 오래된 생각이 있지만 이는 정부 형태를 규정하는 법 규범과 같은 것으로 봤으며 문서화된 형식과 결부된다. 하지만 더 나아가 헌법에는 질서가 국민으로부터 나온다는 것이 포함된다. "통치 방식이 명백히 표현된 인민의 의지로부터 파생되지 않는다면 이는 헌법을 가지고 있지 못한 것이며 단지 사실상의 정부만 있을 뿐이다Quand la manière de gouverner ne dérive pas de la volonté du peuple clairement exprimée, il n'a point de constitution ; il n'a qu'un gouvernement du fait." 또한 질서는 국가 권력에 한계를 부여해야 한다. "이 권위에 어떠한 제한도 가지지 않는다면 그것은 필연적으로 자의적이며, 전제적 권력만큼 헌법에 직접적으로 대립되는 것은 없다Si cette autorité n'a point de bornes, elle est nécessairement arbitraire, et rien n'est plus directement opposé à une constitution que le pouvoir despotique."[219] 마지막으로 이 질서는 인권에 기초해야 한다.[220] 당시 논의에서 원칙적으로 더 이상 논쟁의 대상이 되지 않았던 이 헌법 개념은 인권 선언 제16조에서 규범적으로 구속력 있는 방식으로 표현된다. "권리의 보장이 확보되지 않고 권력의 분립이 규정되지 않은 사회는 헌법을 가지지 아니한다Toute société, dans laquelle la garantie des droits n'est pas assurée, ni la séparation des pouvoirs déterminée, n'a point de constitution."[221]

5. 독일에서 'Konstitution'의 의미 변화

서방 국가들의 근대적 헌법Konstitution 제정의 결과로 독일에서 'Konstitution'의 개념은 황제법으로서의 옛 의미를 잃어버리고 'Verfassung', 'Verfassung-계약', '정부 형태', 혹은 '기본법' 등과 동의어로 쓰이게 되었으나, 이러한 표현들을 완전히 대체하지는 않았다. 변화는 신속하고 철저하게 이루어졌다. 1788년만 해도 로트

Roth의 《공익 사전*Gemeinnüziges Lexikon*》은 여전히 'Constitution'을 "육체, 심성 등과 같은 사물의 현상 형태, 그리고 법률이나 국가법 Landesverordnung"이라고 설명했다.[222] 1년 후 새로운 의미의 'Konstitution'의 첫 번째 사례가 나타났다.[223] 1798년에는 이러한 개념이 정착되어, 《특히 현재 시대의 대화사전*Conversationslexikon mit vorzüglicher Rücksicht auf die gegenwärtigen Zeiten*》이 '헌법Constitution'이 라는 표제어에서 "국가 기본법의 총체"를 표현하는 의미에 국한할 정도였다.[224] 이 근대적 용어는 특히 새로운 헌법 문서인 프랑스의 헌법에 대해 언급될 때 두드러졌다. 훔볼트Humboldt는 1792년 《베 를린 월간지*Berlinischen Monatsschrift*》에 게재한 논문에 "새로운 프랑 스 헌법에 의해 야기된 국가 헌법의 이념Ideen über Staatsverfassung, durch die neue Französische Konstituzion veranlaßt"이라는 제목을 붙였 다.[225] 이 개념은 주저 없이 오래된 내용에 덧씌워졌다. 다수의 저 자들이 이제 "국법Staatsrecht"을 "헌법Constitutionsrecht"과 "통치법 Regierungsrecht"으로 나누게 되는데, 전자는 "국가 권력"[226]의 주체 혹은 "정부 형태"[227]를 다루는 데 반하여 후자는 국가 권력의 행사 에 관계되어 있었다. 수많은 저자들이 Konstitution을 계약이라는 익숙한 도식으로 분류했다. 그렇다면 Konstitution은, 칸트Kant가 "Constitution"을 "다중을 하나의 국민으로 만드는 일반 의사의 행 위"라고 정의했듯, 계약의 산물이 아니라 계약 자체로서 독자적일 수 있다.[228] 이와 유사하게 베어Behr에 의하면 "다중은 Constitution 에 의해 시민적 Verfassung으로 다시 규합되기까지 자연 상태에서 매우 오랜 기간 살아왔다"고 한다.[229] 그러나 Konstitution은 보다 자주 계약에 의해 만들어진 정부 형태와 관련되었다. 그래서 에버하르트Eberhard는 한 사회에 있어서 지배 관계에 대한 법적 규정의 불가피성을 접목했다. 이러한 법은 반드시 "주권이 행사되어야 할 방식을 확정해야만 하고, 이러한 방식이 Constitution이다."[230] 미국이나 프랑스의 예에 반하여 이곳에서의 'Konstitution'은 그것의 법적 표현과는 다른 의미로 남아있었다. 그 개념은 이전의 'Verfassung' 개념처럼 국가의 정치적 상태와 관련이 있다. 대다수의 저자들에 의하면 "Konstitution"은 결국 "최고 권력에 필요한 주체와 최고 권력을 갖게 되는 방식을 통하여 최고 권력의 조직화와 관계되는…… 모든 핵심적 규정들의 총체"로 나타난다.[231] 그래서 에버하르트와는 달리 Konstitution은 규범의 영역으로 끌어올려지긴 하지만 여전히 그 법적인 형태와 일치하지는 않고, 다양하고 공통된 대상에 의해 연결되는 규범들의 집합 개념, 즉 기본법들과 비슷한 것으로 남아있다. 이는 포이어바흐Feuerbach에 의해 가장 명확하게 나타난다. "Verfassung을 규정하는 법률들을 (실정의) 기본법들leges fundamentales 이라고 칭한다. 즉 기본법들의 총체가 Verfassung이다."[232]

6. 'Konstitution'의 방어적 사용

일련의 저자들은 1789년 이후에도 신성로마제국 헌법Reichsverfas

sung을 'Konstitution'이라고 칭하였다. 해벌린Häberlin은 그의 저서 《독일 국가 Verfassung의 장점에 관하여Über die Güte der deutschen Staatsverfassung》에서 "지금까지의 Konstitution"의 변화를 현 시점의 가장 중요한 사건이라고 말했다. 그는 프랑스와 스웨덴, 그리고 폴란드 등을 명시적으로 언급한다.[233] 그는 제국과 관련하여 "Verfassung"을 이미 갖고 있다고 강조하면서 다음과 같이 확인한다. "그렇다, 우리의 Konstitution이 최고에 속할 수 있다는 점은 명백하다."[234] 이러한 표현들 이면에서 종종 혁명을 예방하려는 의도가 드러난다. 이제 프랑스가 혁명을 통해 비로소 쟁취해야 했던 축복을 독일은 이미 오랫동안 가지고 있었다는 사실의 증명이 문제된다. 그래서 라인홀트Reinhold는 "국가–Verfassung"이 일단 한 번 "붕괴"된다면, 우연한 사건만으로도 전복에 이르기에 충분하다고 설명한다. 그러나 독일은 이러한 상황에 처하지 않았다는 것이다. "우리는 성공적인 Constitution에 의해 국가체의 모든 병폐 중에서도 가장 치명적인 병폐로부터 다른 거대한 국가보다 더욱 안전하다."[235] 또한 1790년까지만 해도 아직 비판자들로부터 프랑스혁명을 변호했던 빌란트Wieland도 이러한 태도의 전형을 보여준다. 혁명가들은 적절하게도 "자유 헌법Constitution의 무한한 혜택은 어떠한 값비싼 대가를 치르고서라도 얻을 수 있다"는 것을 전제로 한다는 것이다.[236] 그는 2년 반 후에 독일 헌법의 우수성을 통해 독일에서 혁명이 발생하지 않은 것을 설명하였다. 프랑스가 폭력에 의해 비로소 관철시켜야만 했던 성과물을 독일인이 많은 부분 소유하고 있지 않았다면, "독일인은 이미 오래전에 단순히 참여하는 관객에 그치지 않고 행동하는 주체"가 되었을 것이다. "우리가…… 독일 조국 전체에서 지금껏 누려왔던 내적 평온은 이미 우리 Constitution의 장점을 매우 강하게 증명한다."[237] 프랑스 헌법Konstitution과 독일제국 헌법Reichsverfassung 간의 근본적 차이는 이로써 부인된다. 양자 모두 통일된 헌법 개념의 다양한 현상 형태일 뿐이다. 프랑스 헌법 Konstitution을 특징짓는 징표들은 개념 필연적인 것으로 생각되지 않는다. 이러한 징표들의 부재는 몇몇 사람들에게는 심지어 장점으로 보였다. 이를테면 달베르크Dalberg는 제국 헌법을 "모든 건축 기술 규칙에 따라 지어지지는 않았지만 그 안에서 사람들이 안전하게 살고 있는 지속적인 고딕풍 건물"이라고 설명했다.[238] 또한 이러한 배경에서 국가는 헌법Konstitution의 존부에 의해 구별될 수는 없다는 입장이 유지되었다. 에버하르트는 프랑스의 상황에 명백히 반대하면서, "자신의 기본법을 성문화한 국민만이…… 법적으로 효력이 있는 국가 헌법"을 갖는 것은 아니라고 한다.[239] 그는 존 아담스John Adams를 인용하여, 헌법이란 "합의가 쓰인 종이나 양피지가 아니라 한 국민을…… 지배하는 기본법들의 총체"라고 덧붙였다.[240] 하지만 물론 아담스에게 바로 문서의 형식이 문제되었다는 것을 그는 밝히지 않았다.

7. 자유의 조건으로서의 형식을 갖춘 헌법

하지만 프랑스 모델에 따른 형식을 갖춘 헌법에서 비로소 계약 사상의 실현을 찾는 목소리도 점차 커져간다. 그래서 헌법이라는 것이 국민의 결정으로부터 나와야 함을 전제로 하는 베데킨트Wedekind는 다음과 같이 말한다.

"비록 어느 국가나 통치의 Verfassung은 가질 수 있지만, 헌법Konstitution은 국가가 통치할 때 따라야 할 규율이 그 국민이 최초 집회Urversammlungen에서 이미 의결한, 시민의 자유의지로부터 나온 계약으로서 효력을 지닐 수 있어야만 비로소 얻어진다."[241]

여기서 규범들이란 더 이상 계약에 기인하는 것이 아니라, 계약 그 자체이다. 계약은 규범 형성에 있어서 불가피한 방식일 뿐이다. 이로써 베데킨트는 헌법 계약이 암묵적으로도 체결될 수 있다는 자연법에서 유포된 가정에 반대한다. 이러한 가정은 이제 더욱 잦은 비판에 직면하게 된다. 푀르쉐케Pörschke는 이러한 논리 속에서 "타인의 소유물에 대한 무분별한 갈망의 유혹"[242]을 발견했다. "국민의 암묵적 계약이라는 설화 같은 이야기는…… 권력자들에게 황금과 같은 영리의 기회를 주었다"는 것이다.[243] 베르크Bergk는 암묵적 계약을 "악의의 농간"이라고 불렀는데, "그 이유는 인간을 자유롭고 독자적인 존재로 존중하지 않기 때문이다."[244] 하이덴라이히Heydenreich는 간결하게 정식화하여 "모든 계약은 명시적이다"라고 하였다.[245] 이런 배경에서 계약은 글로 쓰인 규범으로 귀결되어야

했다. 형식에 대한 요청의 근거는 헌법이 촉진하도록 규정된 내용에 있었는데 이는 개인적 자유였다. "고대 공화국"의 결함은 바로 "헌법"에 의해 자유를 확인하지 않았다는 점에 있는 것으로 여겨졌다.[246] 이와 대조적으로 베르크는 "법적 헌법rechtliche Konstitution"을 "……시민의 자유를 지키는 요새……"로 명명하고, "법적 헌법 rechtliche Verfassung 없이는 국가의 어떤 시민도 자유롭지 않다"고 하였다.[247] 바이스Weiss가 보기에는 국가 권력이 국가 원수에게 집중된다면 법에 근거한 국가에서도 권리가 불확실하다. 그렇게 되면 권리 보호가 오직 국가 원수의 선의에 좌우되기 때문이다. 이러한 상황을 막기 위한 방편으로 그는 이렇게 제안한다. "국민은 헌법을…… 형식적 측면에서도 작성해야 한다."[248] 이를 통해서 헌법과 그 법적 형식이 일치하게 된다. 따라서 베르크는 "법적 헌법 rechtlichen Konstitution"을 즐겨 언급하며, 한 곳에서는 심지어 강제적 속성이 있는 법적·정치적 규범을 포함하는 "헌법적 법률 Konstitutionsges etzen"이라는 용어를 사용한다.[249] 그래서 자카리아 Zachariä는 법으로 규정된 정부 형태라는 이전의 의미에서의 국가 헌법으로부터 협의의 헌법 개념을 구별해내려 하는 바, 그 개념은 "국가가 도덕적 인격체로서 존재하고 행동하면서 따라야 할 법률"을 의미한다.[250]

이러한 차이점을 명료하게 하기 위하여 1799년 마이어Majer는 (국가에서) "실질적이고 감지될 수 있는 모든 상태의 총합", 즉 과거의 이해에 따른 Verfassung은 더 이상 '헌법Verfassung'이 아니라 "Status quo(현 상태)"로 표시하고,[251] 반면 '헌법Konstitution'이라는 용어는 국가 권력에 대한 법 규범의 의미로 유보해둔다.

8. 헌법 개념의 실질적 풍부화

이제 헌법과 결합하기 시작한 형식에 대한 요청 뒤에서는 이미 내용적인 요구가 가시화되었다. 이는 일반적으로 "자유로운 헌법"이라는 표제로 요약되어 나타난다.[252] 프랑스 인권선언 제16조에서처럼 인권과 권력 분립은 독일에서도, 국민 대표를 추가하여, 자유 지향성Freiheitlichkeit의 표준이 되었다. 하지만 이러한 제도들의 존재가 단지 헌법의 품질 또는 헌법의 이성 합치성의 정도를 좌우하는 한도에서는, 내용적인 요구 사항들이 최선의 국가 헌법에 관한 학설의 전통에 서있는 것이며 따라서 헌법 개념 자체에는 아무것도 추가되지 않는다. 그러나 몇몇 경우에서는 전통과 단절하여 이런 방식으로 자유가 보장되지 않는 정부 형태에 대해 '헌법'이라는 명칭을 부여하는 것이 거부되었다.

베데킨트는 '헌법Verfassung'의 개념을 바로 인권에서 도출한다. 그는 "헌법"을 "일정한 법률 또는 규정에 따라 인권과 시민권을 보장하는 시민들의 합의"로 이해하였다. 따라서 인권에 대한 법률적 보장은 '헌법Konstitution' 개념 속에 포함되어 있다. "인권 보장이 확실하지 않고 권력 분립이 정확히 규정되지도 않은 국가는 헌법을 가지고 있다고 자랑할 수 없다."²⁵³ 베데킨트가 18세기 말경 인권을 옹호한 유일한 저자는 당연히 아니지만, 이러한 방식으로 헌법과 인권을 연결한 최초의 저자이다. 베르크에 의하면 "공정한 법률도 선량한 통치자도 그것만으로는" 국민의 권리를 보장하지 않는다. 오히려 "시민의 자유"는 권력 분립이 이루어진 헌법에서 비로소 확립된다. "봉건적 권리가 유효한, 모두에게 똑같이 적용되는 민법전이 없는, 정부가 강제력에 의해 의무를 지게 될 수 없는, 그러므로 또한 권력 분립을 통해 권리를 가능하고 실질적인 것으로 만들고 이기적 사용을 막는 헌법을 도입하지 않은 그러한 나라에서는 시민적 자유를 향유하지 못한다."²⁵⁴

권력 분립 안에서 국민 대표에 대한 요구가 함께 고안되었다. 무엇보다 19세기 초와 특히 프로이센 헌법 논쟁에서 헌법은 자주 국민 대표와 동일시되었다. 프로이센의 개혁 수상 슈타인Heinrich Friedrich Karl vom und zum Stein의 1806년 내각 조직에 대한 제안서에는 다음과 같이 쓰여 있다. "최고 권력이 국가 원수와 국민의 대표자에게 나누어져 있지 않기 때문에 프로이센 국가는 국가 헌법을 가지고 있지 않다."²⁵⁵ 달만Dahlmann은 국민 대표가 없다면 "모든 헌법 합치성은…… 단지 공허한 요술에 불과"하다고 말했다. 이러한 성격의 헌법은 그가 보기에는 "절반의 헌법이고 4분의 1의 헌법"이다.²⁵⁶

9. 헌법 개정에 대한 권리

헌법Verfassung이 특정한 형식 및 특정한 내용과 동일시된다면, 그래서 그러한 징표들의 부재不在가 헌법Verfassung의 부재와 완전히 동등하다면, 헌법Konstitution은 도입될 수 있으며 도입되어야만 한다는 데에 의심의 여지가 없다. 이에 반해 여전히 다수가 생각하던 것처럼 헌법Verfassung이 국가와 함께 생겨난다면 헌법Konstitution의 도입은 단지 헌법Verfassung의 개정으로 이루어진다. 이 경우 어떠한 전제 조건들 하에서 그리고 어떠한 한계 내에서 헌법 개정이 허용되는지에 관한 질문이 제기된다. 이 주제는 1789년 이후 매우 강하게 독일 문헌에 영향을 미쳤는데, 이것이 혁명의 정당성에 못지않게 중요한 문제였기 때문이다.

피히테Fichte는 프랑스혁명을 변호하는 글에서 "도대체 인민이 자신의 국가 헌법을 임의로 개정할 권리를 갖고 있는가?"[257]라고 질문했고, 또한 그 후에도 계속하여 다시금 이러한 질문을 던졌다. 그의 답은 다음과 같다. 이성의 원칙에 위배되는 헌법Verfassung은 개정되어야만 하고 이성에 합치하는 헌법은 개정되어서는 안 된다.[258] 한편 그는 여기서 개정할 수 없는 핵심과 개정할 수 있는 변수들을 구별한다. 개정에는 "절대적인 만장일치"가 요구되는데, 누구나 오직 특정한 헌법을 고려해서 국가 단체 참여를 결정했고 따라서 자신의 의사에 반하여 개정을 감수하라고 강요당할 수는 없기 때문이다.[259]

이에 반하여 칸트에 의하면 "(흠결이 있는) 국가 헌법의 개정" 역시 다만 주권자인 군주의 동의로, 즉 "혁명이 아닌 개혁을 통해서만" 허용된다.[260] 이는 칸트가 '헌법'과 '국가'를 동일시했다는 점에서 기인한다. 주권자, 즉 군주에 대한 저항은 시민적 헌법이나 국가를 완전히 해체한다는 것이다. 이는 나쁜 헌법과 비교해볼 때 더 심대한 해악으로 보인다. 그렇기 때문에 헌법을 개선하는 유일하게 합리적인 방법은 헌법 개혁이다.[261] 그러나 이는 항상 기존의 헌법 규정에 의해서 이루어진다. 따라서 인민의 근본 권력에 대한 결의에 찬 지지자들은 이에 찬성할 수 없었다. 그래서 베르크는 '저항 Aufstand'과 '혁명Revolution'을 구별하려 하였다. "저항"은 불법적으로 행위하는 정부에 반대하는 것이고, 그 점에 있어서 "기본 헌법Grundverfassung"을 건드리지 않는다. 이에 반해 "혁명"은 헌법의 관점에서 정의되고 "헌법의 기본 원리의 완전한 변경"으로 이해된다. 이 역시 국민의 근본 권력의 결과로서 허용되지만, "새로운 헌법"을 제정하는 "의무"의 근거가 되기도 한다.[262] 하지만 프랑스혁명의 전개와 함께 이러한 방안에 대한 경고가 증가하였다. 자신의 신조의 변화를 상세하게 정당화하면서 슐뢰처Schlözer는 말했다. "하나의 고루하고 견디기 어려운 헌법을 뿌리째 근절하는 것이 새롭고 성공적인 헌법을 창설함을 의미하지 않는다."[263]

10. 계약 이론에 대한 반작용

하지만 최근의 자연법론에서 발견되는 바처럼 헌법 개념이 실체적으로 풍부해지면서 오히려 자연법론이 모순을 드러내어 그 극복을 예고하게 된다. 헌법의 내용이 자연법에 적극 반응할수록 헌법의 계약적인 정당화를 더욱더 유지할 수 없게 된다. 그것의 원래 의미는 다양한 헌법 내용이 가능하고 선택될 수 있도록 제시하는 것이다. 만약 선택의 자유의 정당성에 대한 이익이 사라지고 대신에 하나의 특정한 규범적 헌법 모델을 관철시키는 것이 문제된다면, 계약 이론은 그 유용성을 상실하게 된다. 하나의 특정한 결과로 귀결되어야 하고 한 번 성립되면 더 이상 수정할 수 없는 계약은 실질적인 계약 체결을 불필요하게 만든다. 헌법은 결과적으로 더 이상 합의의 결과가 아니라, 오히려 불가피성의 결과이다.

이러한 생각은 셸링Schelling에 의해 처음으로 명백히 나타났다. 그는 법적인 헌법을 "자유의" 필수불가결한 "전제 조건"으로 보아서, 그로부터 일반적 법적 헌법의 형성을 우연에 맡길 수 없다고 결론지었다.[264] 바로 그 후 프리스Fries는 이를 더욱 명백히 하였다. "모든 사회의 법적 관계는" 결합 계약Vereinigungsvertrag과 복종 계약Unterwerfungsvertrag에 의하여 "규정되는데, 사회의 구성원이 될지의 여부는 그 법적 관계를 감안하는 각인의 의지에 달려있다. 사회의 목적이 임의적으로 되는 즉시, 사회의 기본 계약이 만민의 동의를 얻어야 비로소 사회가 형성된다. 그러나 이러한 관계는 국가에서는 발생하지 않는다. 국가의 목적은, 정의와 부정의에 대한 결정적인 판단인 공적 법률을 제정하고 모든 사람으로 하여금 이를 준수하도록 강제하는 데에 충분한 권력을 갖추는 것이다. 이러한 목적은 불가피하게 공동체의 모든 사람에 대하여 효력을 가지고, 따라서 누구나 국가 형성에 참여해야 한다. 그러므로 여기에서 국가의 목적은 그 구성원의 자유로운 선택에 의해 결정되는 것이 아니라, 오히려 불가피한 법률에 의해 결정되는 것이다. 결코 자유로운 선택을 통해 구성원이 되는 것이 아니라, 오히려 국가의 구성원들과 함께 살고자 하는 즉시 불가피한 법률을 통해 구성원이 된다. 따라서 여기에서 공동체의 목적을 규정하고 이에 가입하도록 강제하는 것은 결합 계약이 아니라 법률의 명령이다."[265] 이로써 장래의 주제가 주어졌으며, 문제는 단지 "불가피한 법률을 통해"라는 정식을 어떻게 규정할 것이냐가 되었다.

바이스Weiss는 그의 《법철학Rechtsphilosophie》에서 계약 이론을 여전히 교과서적으로 서술한 후에 덧붙여서 이를 부수적으로 언급한다. "실재하는 국가의 헌법Constitution에 따르면, 헌법Verfassung 계약은 모든 점에서 최초에 체결된 것으로 전제할 수는 없다. 이러한 경우에 헌법의 명령은 오직 국가 원수의 자의에 기인하게 된다."[266]

헌법 투쟁의 시대

19세기 전반에 독일에서는 헌법 문제가 국내 정치의 지배적인 주제로 부상하였다. 로텍
Rotteck이 "오늘날은 특히 헌법의 시대"라고 말할 수 있을 정도였다. 국민으로 하여금 자

신의 의미를 인식하게 했던 나폴레옹 프랑스로부터의 해방전쟁은 기대를 부풀게 하였다.

CHAPTER XIX

Die Zeit der Verfassungskämpfe
XIX. 헌법 투쟁의 시대

1. 기본 입장들

●●● 　　　19세기 전반에 독일에서는 헌법 문제가 국내 정
치의 지배적인 주제로 부상하였다. 로텍Rotteck이 "오늘날은 특히
헌법의 시대"라고 말할 수 있을 정도였다.[267] 국민으로 하여금 자
신의 의미를 인식하게 했던 나폴레옹 프랑스로부터의 해방전쟁은
기대를 부풀게 하였다. 1815년 핫츠펠트Hatzfeld가 서술한 바와 같
이 "거의 모든 계층의 주민들이 자신의 희생으로 헌법Konstitution
을 쟁취했다"고 믿었다.[268] 입헌주의의 반대자들 역시 대부분 헌법
Verfassung의 이름으로 자신들의 입장을 옹호하였다. 그러므로 '헌
법Verfassung'과 '헌법Konstitution'이라는 표현은 각 입장들에 대한
신뢰할 만한 지표가 아니다. 리버럴한 내용을 지닌 형식을 갖춘 헌
법 문서를 지지하는 사람들은 두 용어를 모두 사용했다. 다른 한편

기존 상태를 유지하려는 자들은, 상대방을 바로 그들의 무기로 무찌르기 위하여 '헌법Konstitution'이라는 용어를 빈번히 사용하였다. 즉, 이들은 헌법Konstitution의 도입을 위해서는 입헌주의적 konstitutionell 절차에 따를 것을 요구하고 근대적인 헌법Konstitution의 제정 이전에는 구舊 신분제적 개념일 수밖에 없다고 하였는데, 이처럼 근대적 헌법 개념을 활용하여 근대적 헌법의 내용이 전달되는 것을 방해하였다. 그 밖에 1830년판 《브로크하우스Brockhaus》에서는 "헌법Constitutionen"이라는 표제 하에 다음과 같이 언급하고 있다. "I. 시대적 경향으로서, 헌법이라는 단어보다 신시대의 모든 운동들과 내적으로 밀접하게 연관되며, 그 자체만으로 그 운동들이 지니는 특성을 완전히 포괄하는 단어는 없을 것이다. 마찬가지로 그 의미 내용에 관하여 거의 합의된 바가 없는 단어도 없을 터여서, 혹자는 이 표제어 하에 이미 존재하는 것으로 이해하고 또 다른 자는 이로써 창설하여야 하는 무언가를 지칭한다. 즉 한편에서는 헌법은, 일련의 조항들을 통해 공권력의 다양한 분야에서의 자의적 결정에 대해 그 형성과 한계를 정하고 국민대표라는 전래의 형태로써 이를 포위해야만 존재하는 것이라 한다. 반면 다른 한편에서는 진정한 헌법은 모든 인간의 자의를 초월하며, 어디에서나 국민이 실질적으로 통치되는 방식으로 저절로 존재하는데, 왜냐하면 이는 모든 공적 질서를 말살하지 않는 한 달리 변경될 수 없는 바로 국민의 역사 및 발전의 결과이기 때문이라고 한다.

이러한 개념의 차이는 전부터 국민들 사이에서 지배적이던 간극

을 나타내는데, 이러한 간극이 이제 더욱 날카롭게 돌출되는 이유
는, 대립하는 양쪽 견해의 지지자들이 그 수는 물론 특히 정신적 역
량에서도 동등해졌고, 또한 동시에 지난 30년간 국민들의 상황에
있어 사실상 한쪽 편에 의한 억압이 강해진 반면 이러한 억압에 대
해 국민들이 더욱 민감해졌기 때문이다. 그리하여 그들은 현재의
상황에서 벗어나고자 하는 막연한 충동을 느끼며, 자신들의 고통
에 대한 구제책을 기대할 수 있는 사상이, 이제 헌법Constitution이
라는 이름으로 그들에게 나타난다."[269]

2. 진보의 원리로서의 헌법

독일에서는 혁명적 잠재력이 미약했기 때문에 입헌주의 이념의 실
현은 위로부터의 주도에 의존하였다. 이를 받아들일 최초의, 그리
고 동시에 가장 진지한 자세는 프로이센에서 1806년 프랑스와 벌
인 전투에서 궤멸적 패배를 당한 이후에 나타났다.

　알텐슈타인Altenstein은 리가Riga 제안서의 "내부의, 또는 내부 국
법 관계의 기본 헌법Grundverfassung des Innern oder inneres
staatsrechtliches Verhältnis"[270]이라는 장에서 군사적 패배의 원인을 무
엇보다 결함 있는 프로이센 헌법Verfassung으로 돌렸다. "공동체의
목적을 위한 개개인들의 모든 역량의 강력한 통합이 국가에 결여되
었다⋯⋯ 헌법Verfassung은, 국민에게 ― 아직 한 번도 명료히 설명

되지 않은 — 목적의 촉진을 위해서, 모든 국민이 참여하게 할 수 있는 그 무엇도 가지고 있지 않았다."[271] "이러한 상황에서, 최근에 헌법을 통해 상반되는 결과들, 즉 가장 큰 세력 표현이라는 결과들을 발생시킨 다른 국가와 싸움에 빠져들자마자 즉시 패배로 귀결됨은 불가피하다. 그리고 헌법이 변화…… 되지 않는다면 이러한 경우가 지속될 것이다."[272] 모든 헌법 개정은 "인간 행위의 결과"[273] 이기는 하다. 그러나 그러한 행위 뒤에는 인류를 더욱 진보하도록 주재하는 "섭리Weltplan"가 있다. 이러한 섭리 하에서 각각의 헌법은 "인류가 통과해야만 하는 하나의 단계인데, 이는 그것을 곧 넘어서야만 하며 그 위에 영원히 머물러서는 안 되는 단계일 뿐이다." 이러한 불가피성이 등장하는 경우, "변화를 불가능하게 하는 족쇄가 채워지지 않는 한 헌법은 스스로 변하게 된다."[274] 알텐슈타인은 이러한 방식으로 헌법들의 실현 가능성에 관한 논쟁을 뒤에 남겨두었다.

헌법은 조정적 개입을 필요로 하지만, 이러한 개입은 시대 정신과 합치해야 하며 헌법의 붕괴가 아닌 진보를 목적으로 이루어져야 한다. 헌법이 "시대 정신"에 반하여 이미 극복된 단계에서 지체될 때에만 헌법의 붕괴가 불가피해진다. "헌법의 가장 높은 이상은 헌법의 모든 조항 속에 진보의 가능성뿐 아니라 진보의 유인이 있어야 한다는 것이다."[275] 여기서 헌법은 이전의 헌법 개념의 의미에서 국가의 사실적인 전체 상태는 아니지만, 법학적 헌법학이 말하는 국법 규범의 총합도 아니었다. 알텐슈타인은 오히려 헌법을 법률가에게 위임하는 것에 대하여 분명히 경고하는데, "법률가는 현 상태를 불변의 규범으로서 전제하거나, 혹은 자신의 본성 전체를 바꾸지 않은 상태에서 함부로 입법의 영역으로 들어가 자의적으로 대처하게 될 것"이기 때문이었다.[276] 애초에 그는 법적으로 특징지어진 상태로서의 '헌법' 개념에 접근했지만, 동시에 두 개의 핵심적 관점에서는 이러한 개념을 넘어선다. 한편으로 헌법은 특정한 상태를 확정하지 않고, 오히려 미래를 향하여 열려 있다. 다른 한편으로 헌법은 정부 형태에 국한되지 않으며, 개인과 공동체의 완성이라는 의미를 부여하는 원리 하에서 국가와 사회를 아우른다.

3. 행정의 헌법

하지만 개혁의 과정에서 이러한 이해는 '헌법Verfassung'이라는 표현으로부터 떨어져나가는 것으로 보인다. 이른바 헌법 제안서 및 헌법 초안에는 제목을 부여하는 '헌법Verfassung'이라는 개념이 거의 나오지 않는다. 그 대신 국민 대표, 합목적적으로 설치되는 신분의회 등이 언급되고 있다. 1810년 국왕의 헌법 서약도 마찬가지로 명확히 헌법을 예고하고 있지 않다. 이 표현은 오히려 완전히 다른 맥락에서 떠오른다. 1808년 12월 16일에 "최고 국가 기관의 변경된 헌법에 관한 공고Publikandum, betreffend die veränderte Verfassung der obersten Staatsbehörden"가 나온다. 여기에서는, "새로운 헌법은 행정 업무에 가능한 최대한의 통일성, 역량 그리고 활력을 부여함을 꾀하고 있다"고 말하고 있다. 또한 "국가 참사원의 조직 및 헌법", 그리고 지방관청, 재정관청, 경찰관청의 재편에 관한 자세한 규정들을 예고하고 있다. 이를 통해, 그리고 "최고 행정기관의 변경된 헌법"을 통해 "개선된 국가 행정의 원리"를 시행하고 이로써 "국가의 복리"를 지속적으로 새롭게 근거 짓는 것이 가능하게 된다.[277] 이로부터 슈타인은 1806년에 자신의 신념을 표명한다. "프로이센 국가는 국가 헌법을 가지고 있지 않기 때문에, 정부의 헌법이 정당한 원리에 따라 구성되는 것이 더욱 중요하다."[278] 개혁 시기를 특징짓는 이 인용문은, 1806년 이후 프로이센의 1차적인 헌법 문제는 행정의 문제였음을 보여준다.[279] 포괄적인 혁신을 목적으로 한 개혁은 프로이센에서는, 프랑스에서와는 달리, 이 목적을 위해 국가를 창설했던 시민사회의 업적이 아니었다. 오히려 개혁은, 시민사회를 비로소 육성해야 했고 거기에 적합한 조직을 필요로 했던 국가 행정 자체의 업적으로 이루어진 것이었다. 정부의 헌법은 국가 헌법의 전제 조건이었고, 행정 조직은 헌법 정책적 원리의 문제였다.[280] 빈케Vincke가 특히 중복적으로 칭했던 "입헌주의적 헌법constitutionelle Verfassung"은 연기되었고, 이는 행정 개혁이 성공적으로 이루어진 후 이의 장래를 향한 보장으로서 개혁의 말미에 화려한 종지부를 찍는 것이어야 했다.[281] 국가 전반과 관련하여, '헌법Verfassung'이라는 표현은 해방전쟁과 행정 개혁의 종결 후에야 비로소 강력하게 재등장한다. 코페Koppe는 "프로이센이 제정할 헌법에서 그리고 헌법을 제정하고 근거를 마련할 방식에서, 조국 독일의 모든 족속들에게 모범으로서 앞을 비추는 것"이 바로 "프로이센의 소명"이라 칭한다.[282] 정치적 요구를 개진하던 이 시기에 헌법Verfassung, 헌법 문서Verfassungsurkunde, 그리고 헌법Konstitution 은 정해진 법적 지위를 문서로 확인함, 즉 국가 권력에 대한 국민의 법적 지위를 보장하는 제정법을 의미했다. 훔볼트는 1819년 헌법 제안서에서 이렇게 쓰고 있다. "국민이 헌법을 통해 받는 보장은 이중적 보장으로, 란트 신분의회의 존재와 활동으로부터 간접적으로 유래하고, 또한 헌법의 부분으로서 헌법과 함께 직접적으로 선언되는 보장이다."[283] 이는 바로 기본권을 의미하는 것이다.

4. 자유 보장 수단으로서의 헌법

3월혁명 이전 시기Vormäz에는 헌법의 자유 보장적 측면이 참여적 측면보다 우위를 점하게 되며, 헌법과 인민 지배의 동일시는 극단적 좌파에서만 나타났다. 해방전쟁 이전 시기와 비교하면 3월혁명 이전 시기에는 더욱 열광적으로 헌법에 대한 언급이 이루어진다. 여기서 종교적 개념이 사용되는 것은 우연이 아니다. 《바이에른의 헌법-친구Baierische Verfasung-Freund》는 1819년 "신앙 고백"[284]을 통해 독자들에게 다가섰는데, 여기에서는 "완전성의 본보기를 향한 인류의 끊임없는 진보가 대표제 헌법"에서 정점에 도달한다. 《헌법

논집*Konstitutionelle Zeitschrift*〉은 1823년 독일 《헌법-교리문답집 *Verfassungs-Katechismus*》을 게재하였는데 여기에서는 입헌주의의 원칙들이 질의와 응답으로 이어진다.[285] 포이어바흐는 자유가 "헌법을 통해 보장되는" 곳에서만 자유에 희망이 있다고 한다.[286] 벨커 Welcker에게 헌법은 "어떤 부차적인 문제가 아니라 정치적 자유 혹은 그 실현의 중요한 문제이며 심지어는 그 자체"이기까지 하다.[287] 보다 신중한 달만조차도 헌법을 위해 더 거창한 단어를 준비해놓고 있다. 그가 헌법에 대하여 찬사를 표한 모든 것들은 "좋은 헌법이 그 국가를 필연적으로 행복하게 한다거나 커다란 정치적 비행과 오류를 흠결 없이 예방한다는 것으로" 이해되어서는 안 된다. "그러나 헌법은 국민에게 행복의 개연성을 제공하며, 모든 관점에서 헌법 없이 도달할 수 있는 것보다 더 높은 가치의 단계로 국민을 고양시킨다. 헌법은, 자신에 의한 상처를 다시 치료할 수 있는 우화에서의 창과도 같다."[288] 이 은유는 군주와도 연결되었는데, 군주에게 권력의 헌법적 제한이 한층 더 확실한 왕위의 공고화로서 매력적으로 보이게 하였다.[289] 팸플릿인 〈농민-대화 사전Bauern-Conversationslexikon〉은 다소 의뭉스럽게 독자들을 이러한 입장을 넘어서 이끌어갔다. 이 글은 "헌법은 공적 업무가 어떻게 처리되어야 하는지"를 확정하기 위한 것이라고 하면서 소박하게 시작한다. 그런데 그렇다면 러시아도 미합중국과 마찬가지로 헌법을 지니게 되므로, 이러한 정의는 분명히 불충분하다. "최근 유럽의 국민들이 자신의 헌법을 요구하였다면 이는 이로써 군주 권력의 제한을 의미하였다." 이러한 헌법은 종종 가장 좋은 것으로 간주된다. "그러나 이성과 경험은 그것이 빈약함을 보여준다. 유럽의 헌법들은 낡은 옷에 새로운 천 조각을 기운 것이라고들 한다."[290] 이제 민주적 헌법이 진정한 헌법으로 된다. 지벤파이퍼Siebenpfeiffer는 공화제 헌법을 옹호하는데, "왜냐하면 그것이 모든 시대의 가장 고귀한 인간의 가장 대담한 꿈을 실현하기 때문이고, 그것이 이성에 의해 요구되고 가장 순수한 애국자들에 의해 열망되며 모든 계몽된 시민들에 의해 기대되기 때문이며, 그것이 현 시대가 잉태한 태아이기 때문이다."[291]

5. 헌법 문서의 불가피성

헌법 정책에 대한 요구가 제기되는 과정에서, 헌법의 형식적 특성 역시 현저하게 중요해졌다. 성문성을 헌법의 개념 징표로 삼는 것이 아직 일반적이지는 않다. 하지만 "헌법-문서"의 장점이 곳곳에서 강조되었다. "그러므로 단순히 전통을 기초로 하여 만들어지는 헌법은 이미 그 존재의 형식에서 안정성이 없다." 이에 반하여 성문화는 "문서의 항구적인 명문明文을 통하여 모든 가능한 망각, 모든 일탈과 위반 행위"를 예방한다.[292] 또한 군주를 위해서도 성문화는 유용하다고 하는데, "헌법적임에 내재하는 견고함과 안전함을 통해서 통치자와 공공성에 대한 충실함이 …… 활기를 띠기" 때문이다.[293] 한편 몇몇 저자들은 부적절한 통치자들의 경우를 적시하였다. "출생이라는 우연에 의해 어쩌다가 미약한 군주가 왕위에 오른다 하더라도, 국가는 붕괴하지 않는다······ 그의 광영은 또한 특히 총애를 받는 자에 의해서도, 궁중 음모에 의해서도 좌우되지 않는다. 헌법은 그 자체로 확고하며, ······국가와 군주에게 안전판을 제공한다."[294] 그러나 아직 "성문 헌법과 불문 헌법 사이의" 원리적 차이는 보이지 않는다.[295] "성문 헌법geschriebner Verfassung"의 지지자였던 크룩Krug조차도 양자를 동일시하는 것에 명백히 반대하여 다음 질문을 통해 항의했다. "도대체 무엇이 너희들에게 속Gattung 대신에 종Art을 갖다 놓을 권한을 주었는가?"[296] 이에 반하여 슈미트헤너Schmitthenner는 성문화를 헌법의 보다 높은 발전 단계로 표현하였다. 원래 "국민의 국가관이 견고한 형식적 법 규범으로 연결되어 있는 관습법의 체계"만이 "헌법을······ 법 윤리의 형태로부터 형식을 갖춘 계약과 성문 법률의 형태로 점진적으로 이전시킨다."[297] 다수의 저자들은 문서라는 형식을 기준으로 '헌법Verfassung'을 광의와 협의로 구별하거나, 또는 불문 헌법도 포함하는 광의의 'Verfassung'과 성문 헌법만을 의미하는 협의의 'Konstitution'으로 구별하였다. 최플Zoepfl에 의하면, 헌법Verfassung은 전통 또는 실정적이고 성문화된 확정에 기인할 수 있었다. "헌법Konstitution 또는 헌장Charte이라는 표현"이 실정적이고 성문화된 것에 속한다.[298] 푈리츠Pölitz는 비교 헌법적 저술에서 성문화된 형식을 선별의 원칙으로 삼고, 다음과 같이 서술하였다. "우리는 새로운 의미의 헌법을 법적 조건의 총체를 포함하는 성문화된 문서라고 이해하는 바, 주어진 국가의…… 내적 삶은 — 이러한 삶의 각 분야가 갖는 불가피한 연관성에 따라 — 이 성문화된 문서에 근거를 둔다."[299] 나아가 몇몇 저자들은 성문성을 이미 헌법의 본질적 징표로 강화하였다. 에켄달Ekendahl은 그의 《국가론Staatslehre》에서 명시적으로 "자유를 향유할 만큼 성숙한 국민을 위한 성문 헌법의 불가피성"이라는 문제를 다루었고,[300] 불Buhl은 헌법 문제에서 "형식이 바로 사물 그 자체"라는 주장으로써 형식을 경시하는 태도에 반대하였다.[301]

6. 역사적 전개의 산물로서의 헌법

셸링과 프리스의 저서에서 이미 예견된 바와 같이, 제정되고 성문화된 헌법에 대하여 강력한 반대 운동이 바로 형성되었다. 국가로 진입하는 것, 그리고 헌법을 지니는가 그렇지 않은가가 임의적일 수 없다는 사실이 여전히 우선시된다면, 헌법의 구체적 내용에서 계획적인 결정들이 배제된다.

이러한 헌법 이해로 가는 길을 연 사람이 바로 헤겔이다. 이는 헤겔이 갖고 있는 국가관과 밀접하게 연결된다. 국가를 자유와 재산의 보장이라는 목표를 향한 개인들의 집합체로 간주한다면, 헤겔이 "시민사회"라고 불렀던 "외적 국가äußeren Staat"—"즉 강제 국가Notstandesstaat 및 오성 국가Verstandesstaat"[302]에 도달할 뿐이다.

이에 반해 본래 의미의 국가란 그것 없이는 개인도 단체도 상위의 결정에 이를 수 없는 도덕적 공동체이다. 이 국가는 "그 자체로 이성적인 것이며",[303] 국가의 헌법은 "단지 인위적으로 만들어지는 것이 아니다. 그것은 수세기에 걸친 노력의 결과이며, 이성적인 것이 한 국민 안에서 어느 정도까지 발휘될 수 있는지에 관한 이념과 의식이다. 그러므로 어떠한 헌법도 단순히 그 주체들에 의하여 만들어지는 것은 아니다. ……국민은 헌법에 대하여 자신의 법과 상태에 관한 감성을 가져야 하는 바, 그렇지 않으면 헌법이 외적으로 존재하기는 하지만 의의와 가치를 결여하게 된다."[304]

반면 헌법이, 일반화된 방식으로라도, 개별 의지라는 형식에 의존하면, 헌법은 우연에 좌우되며 "이는 단지 그 이상의 오성적 결과, 즉 그 자체로 존재하는 신적인 것과 그것의 절대적 권위와 위엄을 파괴하는 결과로 귀결된다."[305] 이성법론자들에게 자의와 우연이 전통적으로 형성된 헌법과 연결되는 반면에, 여기서는 반대로 자의와 우연은 제정된 헌법의 징표가 된다. "각국 국민들에게 새로운 헌법에 관하여 지껄인…… 선동가들이 요구하는 것은 무엇인가? 모든 국가가 해체되고, 그리고 나서 다시 새로이 건설되어야 한다는 일뿐이다."[306] 하지만 헌법이 구체적−역사적 존재의 표현이 되면서, 척도로서의 기능을 상실하고 부지불식간에 현 상태의 정당화로 변질됨은 물론이다. 그러므로 겐츠Gentz는 영향력 있는 헌법서에서 역사적이고 상태적인 헌법 개념에 기대고, "신분의회 헌법landständische Verfassungen"을 "인간의 손으로 만들어지지 않고 그 자체로 존재하는 국가의 기본 요소"에서 유래하며 "권리가 형성된 것과 같은 방식으로, 즉 현존하는 권리에 대한 폭력적인 침해 없이, 진전하는 완성에 이르는" 질서라고 평가하였다. 하지만 그는 "대표제 헌법repräsentative Verfassung"은 이에 반하여 오직 내전과 찬탈로 인해 필요하게 된 "외적 폭력 또는 자의의 산물"로 나타난다고 한다.[307] 그렇다면 "입헌주의적 헌법Konstitution"은 바로 "국가의 정치적 구성 요소들이 자의적 원리로 돌아가는" 결합이라고 규정할 수 있다는 것이다.[308]

7. 흠정 헌법과 협약 헌법

역사적이고 진화론적인 헌법 개념이 헌법 계약 이론과는 합치될 수 없다는 점은 명백하다. 따라서 헌법 계약 이론의 헌법에 대한 합리적이고 구성적인 관점은 19세기 전반기 동안 계속하여 줄어들지 않는 비판의 표적이 되었다. 그러나 이제 헌법 이론과 정치적 현실이 상호 괴리됨으로 인해서 헌법 계약의 지지자들조차 논증의 어려움에 봉착하게 된다.

1818년 5월 바이에른Bayern 헌법이 독일의 주요 국가들 중 최초의 근대적 헌법으로서 공포된다. 그러나 그것은 아레틴Aretin, 베어Behr 그리고 슈멜칭Schmelzing이 오점으로 기록한 바와 같이 협약된 것이 아니라 흠정된 것이었다.[309] 그럼에도 베어는 곧 실용적 태도에 이르러 다음과 같이 질문한다. "누가 태생의 형식상 흠결 때문에 사안의 본질을 희생하고자 하겠는가? ……그 어떤 바이에른 사람이 이 순간, 아직도 오래전에 약속된 국가의 입헌주의화에 대하여 소심하고 불확실한 시선으로 바라보는 프로이센 혹은 바덴Baden 사람과 처지를 바꾸고 싶어하겠는가? ……아니면 우리가 국가 기본법Staatsgrundgesetze의 협약적 결정을 추구했던 뷔르템베르크 사람Württemberger을 부러워할 만한 이유가 있는가?"[310]

1824년 아레틴은 이론과 실천의 화해에 성공한다. 즉, "흠정 헌법oktroyierte Verfassung" 역시 기본적으로는 합의된 것인데, 그 이유는 국민의 수용을 통해서 비로소 실질적인 헌법이 되기 때문이다.[311] 훗날 이러한 이론 구성은 후기 계약 이론의 가장 열렬한 대표자였던 벨커에게 받아들여진다. 자유인들의 "사회"로서의 "국가"는 "계약 법률을 통해" 성립한다. "그 국가의 법률들은 모든 사회의 법률과 마찬가지로 계약인데", 이 계약이 직접적으로 체결되면 "기본 계약"이라고 부르고 "기관"을 통해 간접적으로 체결되면 "협의의 법률"이라고 칭한다.[312]

벨커는 이러한 사정 하에서 다음의 결론에 도달한다. "단순히 흠정된 헌법은 절대로 헌법이 아니다."[313] 하지만 독일의 현실에 직면하여 그는 계약적으로 합의되지 않고 일방적으로 공포된 헌법에 있어서는 "입헌주의적인 법적 상태가 전혀 존재하지 않거나 불가능한 것인지"에 관한 질문을 제기해야 했다.[314] 그리고 그는 지체없이 이러한 헌법도 협약된 헌법과 마찬가지로 효력을 지니고 신성하다고 확인하는데, 그 이유는 이러한 헌법 역시 실질적으로는 협약되었기 때문이다. "수수께끼는 헌법 문서만이 흠정될 수 있을 뿐이라는 사실을 통해서 풀린다." 벨커에게 흠정된 헌법 문서는 일단 "헌법의 제안"에 불과하며, "상호적이고 계약적이며 자유롭고 충실한 수용과 보증을 통해 비로소 헌법이 된다." 하지만 이러한 헌법으로의 전환을 위해서는 당시 바덴에서처럼 "국민이 제시된 헌법 문서를…… 기쁨과 감사로" 환영하는 것만으로 충분하다.[315] 이로써, 비록 헌법 계약이 묵시적으로도 체결될 수 있다는 것을 다시 인정하는 대가를 치렀지만, 협약 헌법과 흠정 헌법의 대립은 극복되었고 이론은 구조되었다.

8. 계약론적 헌법 논증으로부터
제정법적인 헌법 논증으로의 자유주의의 전환

자유주의 저자들은 그 내용이 받아들일 만한 것으로 보인다면 새로운 헌법의 태생적 결함을 눈감아주려는 입장을 쉽게 선언은 했지만 힘들여 논증했는데, 이는 헌법 계약의 기능을 재조명하게 한다. 헌법 계약의 기능이 특정한 헌법 성립의 방식을 요구하는데 국한되지 않음은 명백하다. 계약적 구성은 절대주의 국가라는 조건 하에서는 오히려 신민의 이해관계에 헌법적 중요성을 부여할 가능성과 그러한 토대 위에서 구 체제의 헌법 상태를 비판할 수 있는 가능성을 제공하였다. 하지만 실제로 계약적 구성이 겨냥한 것은 성립 방식이 아니라 내용이었다.

칸트가 명료하게 인식하고 있던 것처럼 이러한 상황에서는 사실상의 계약 체결이 요구되는 것은 아니다. 계약 사상은 오히려 단지 "모든 공적 법률의 합법성의 시금석"으로서 역할만을 수행한다.[316] 따라서 계약 사상은 비로소 쟁취되어야 할 헌법에 대하여 법 정책적 의미를 가지지만, 이미 획득된 헌법에 대해서는 다른 문제, 즉 헌법의 관철과 보장의 문제가 전면에 등장한다. 벨커와 대조적으로 로텍은 이 문제에 주목한다. 특히 그에게는 한번 부여된 헌법을, 군주에 의한 일방적인 개정이나 취소로부터 보호하는 것이 문제이다. 바로 이것이 할러Haller의 "헌법Constitution" 개념을 가능하게 하는데, 그에게 이 헌법은 군주가 "자신에게 부여하는 법률들"로 구성되고 군주가 "이것을 따라 행위하겠다고 선언하며 그만이 따라야 하고 기본적으로 신민들과 전혀 관계가 없는 원칙들"로 구성된다.[317]

로텍은 이러한 상황을 'pouvoir constituant(헌법 제정 권력)'과 'pouvoir constitué(헌법에 의해 제정된 권력)'의 구별에 대비시킨다. 이러한 구별은 절대군주제와 순수한 민주주의에만 부합한다. 하지만 "전제 군주"는 실정 헌법을 공포하자마자 더 이상 전제 군주가 아니라는 것이다. 헌법은 그것이 제정된 권력을 기속한다는 바로 그 점에서 특징을 지닌다. "헌법은 그 이념에 있어, 개념상 이러한 권력보다 상위에 있고 이 권력의 제도보다 선행하는 것으로 생각되는 의지로부터 나오는데, 이 의지는 사회 자체의 권위와 다르지 않는 헌법을 제정하는 권위의 의지이다." 그러나 전제 군주가 기본법을 공포하면, "그는 헌법 제정 권력으로서, 즉 다시 말해 헌법 제정 권력을 대신하여 행하였고, 이제는 헌법에 의해 제정된 수장으로서 자신이 헌법을 제정하는 기관으로서 처리했던 것을 더 이상 철회하지 못한다."[318] 로텍은 이러한 고려로부터 그때까지 반대편에서만 주장했던 결론, 즉 엄밀히 말하자면 계약이라는 범주는 민사법의 이론 구성에 적합할 뿐 헌법에는 적용되지 않는다는 결론에 도달했다.[319] 어쨌든 협약 헌법paktierte Verfassung인 뷔르템베르크 헌법에 관하여 주석 작업을 하였던 몰Mohl에게 조차도, 헌법의 형태는 그 자체로 "제정법Gesetz"이고 "계약"은 단지 그것의 역사적 성립 근거일 뿐이다.[320]

9. 보수주의의 헌법 국가Verfassungsstaat에로의 접근

슈탈Stahl은 보수주의적 입장에서 견해의 접근을 준비한다. 그는 헤겔과 마찬가지로 단순히 자유와 재산의 보장에만 한정된 자유주의 국가를 거부한다. 그에게 국가는 신의 질서를 이 세상으로 연결하는 윤리적 기관인데, 이는 물론 무제한의 권력이 아니라 신이 원하는 바처럼 여전히 개인적 자유와 전적으로 합치하는 방식으로 이루어진다. 그러므로 "헌법은 단지 사람들(지배자와 피지배자) 상호의 관계인 것이 아니라, 이들 위에 있는 기관의 상황, 기관 자체 내에서의 관계인 것이다."[321] 그것은 신민과 마찬가지로 지배자도 기속한다. 이러한 기속을 실효성 있게 하기 위해, 슈탈은 "제정법 Gesetz"의 형식으로 그것을 정식화하는 것이 의미 있다고 생각했다. 이러한 제정법은 "국가 전체의 기초, 모든 통치기관의 전제 조건, 국민의 가장 신성한 권리를 포함한다는 점에서 다른 법률들과 자연스럽게 구별된다." 그러므로 여기에는 특별한 보장이 적용된다. "이러한 제정법의 총체를…… 국가의 기본법이라고 부른다. 이는 오늘날 그 내용에 따라 보다 일반적으로 헌법Constitution, 헌법제정법Verfassungsgesetz, 헌법Verfassung 등으로 불린다."[322]

이러한 유형의 기본법들은 새로운 것이 아니지만, 처음에는 수적으로 적었고 부가적으로 보장받지도 못했다. 그 때문에 헌법은 "민사법"과 동일한 정도로 완성도 있게 만들어지지 못했다. 이를 시정하기 위해 슈탈은 헌법의 성문성과 제도적 보장을 주장한다. 그는 국민 대표가 이 제도적 보장이라고 보았다. 그는 국민 대표가 존재하는 곳에서 "오늘날 규정된 의미의 헌법"을 언급할 수 있다고 한다.[323] 하지만 이것이 헌법은 자의에 따라 만들 수 있다는 생각과 연결되지는 않는다. "헌법은 처음부터 국가 그 자체와 함께 주어져 있는 것이지 의도와 고려에 의해 만들어지는 것이 아니듯이, 이후에도 완전히 새로운 헌법을 단번에 만들기보다는 오히려 공적 관계들과 그에 대한 국가적 평가에 따라 부분적으로는 관습의 점진적인 변화를 통해 또 부분적으로는 개별적인 법률들을 통해, 삶의 과정하듯이, 헌법이 계속 형성되어간다는 것이 자 ... 이것이 역사적인 헌법이다."[324] 그러나 슈탈은 이를테면 전통의 파기와 같이, 새로운 헌법의 제정이 필요한 상황이 있을 수 있다고 보았다. 이러한 유형의 헌법Konstitutionen은 단지 기본법Verfassung만을 포함하는 것이 아니라 부분적으로는 기본법을 처음으로 창설하기도 한다. 슈탈은 이를 "반영된 헌법reflektierte Verfassungen 혹은 가장 고유한 의미의 헌법Constitutionen im eigentlichsten Sinne"이라 불렀다.[325] 그러나 이것으로 자유주의와의 근본적 차이가 제거되지는 않는다. 슈탈에게는 언제나 윤리적 기관으로서의 국가가 일차적이고, 헌법은 부차적이다. 그러므로 국가는 헌법에 의해 비로소 근거를 마련할 수 있는 것이 아니며, 헌법은 항상 기존 국가의 질서를 확고히 다지고 발전시키는 기능을 가질 뿐이다.

10. 실질적, 형식적 의미의 헌법

이와 같은 기본적 차이보다 기술적인 차원에서는, 특히 국법학자들 사이에 보다 광범위한 합의가 존재한다. 그리하여 헌법은 대상의 측면에서 국가 형태와의 관련성이 특징이라는 점이 인정되었다. 모든 저자들은 '국가 형태'를 최고 권력 담지자에 대한 규정('통치 형태Beherrschungsform')으로 이해하고, 대부분은 또한 그 행사 형태('정부 형태Regierungsform')로 이해한다. 후자에는 특히 기본권이 포함된다. 예를 들어 최플의 표준적 정의는 다음과 같다.

"헌법은 한 국가에서 통치 형태 및 정부 형태와 관련된, 즉 국가 권력의 조직과 국민의 권리 및 그들 사이의 상호 관계와 관련 있는 유효한 법 원칙의 총체이다."[326]

통치 형태에 관해서는 아리스토텔레스의 삼분설이 유지된다. 정부 형태는 국가 권력이 제한되는가 제한되지 않는가에 따라 분류되곤 하였다. 프로이센에서의 분류에는 약간 곤란한 점이 있었다. 오스터만Ostermann은 "우리에게는…… 본래 의미의 기본법이 존재하지 않는다"고 확인하고 프로이센 헌법 체계를 "입헌주의적인 것이 아니라 대표제적인…… 것"으로 특징짓는다. "전제군주제"와 달리 여기에서는 국민 대표가 비록 존재하지만, "입헌군주제"에서와는 달리 "자문 역할"만 할 뿐이다.[327] 최고 권력이 주어진 한계 내에서 어떻게 작용해야 하는가는 헌법이 아니라 행정과 관계가 있다. 즉 '행정'은 오늘날보다 더 포괄적으로, 자신의 목적을 추구하는 국가의 모든 작용을 의미한다. 여기에서 헌법과 행정법 사이의 차별화가 생겨난다. "헌법은 국민(피통치자)에 대한 관계에서 주권자(통치자)에게 귀속되는 권리와 기속력의 총체이다. 행정법은 통치자가 그에게 귀속하는 권리와 기속력을 피통치자에 대하여 행사함에 있어 따라야 할 그러한 법 규범의 총체이다."[328] 이 '헌법' 개념이 실정 헌법의 내용과 항상 합치하지는 않는다는 점을 물론 주목해야 한다. 한편으로는 헌법 제정법 안에서 행정법이 나타나고, 다른 한편으로는 헌법 제정법 밖에 헌법이 존재한다. 이러한 근거에서 로텍은 대상의 관점에서 정의한 헌법 개념 — "최고 국가 권력을 행사하는 사람이나 기관에 대한 규율과 최고 국가 권력을 행사하는 형식과 방식에 대한 규율" — 에 "기본법상 규정된 모든 것을 포괄하는" 두 번째 헌법 개념을 부가한다. "후자의 개념이 더욱 일상적이며 실용적 수요에 더욱 상응하게 보이는 반면, 실질적인", 즉 정부 형태와 무관한 "규정을 배제하는 전자의 개념은 학문적으로는 더 순수하게 보인다."[329] 실질적 의미와 형식적 의미에서의 '헌법'을 이렇게 구분함으로써 많은 오랜 논쟁이 해소된다.

법적 헌법의 공고화와 위기

'헌법Verfassung'이라는 표현의 일상화의 배경에는 1848년의 혁명과 함께 헌법 국가가 최

종적으로 관철되었다는 사실이 있었다. 이와 함께 헌법의 이해를 둘러싼 오랜 논쟁들 중

몇몇이 종료되었다. 자연법적 논증이 사라졌다는 점이 가장 주목할 만하다.

CHAPTER XX

Konsolidierung und Krise der rechtlichen Verfassung
XX. 법적 헌법의 공고화와 위기

1. 자연법과의 결별

●●●   1868년 헬트Held는 '헌법Verfassung'이라는 표현
의 일상적 의미를 네 가지로 구별하였다. "1) 국가에 속하되 법적
이지 않은 요소들을 포함한 국가라는 조직화된 통일체의 전체 상
태. 2) 정치 체제에 관계된 법규와 제도의 총합. 3) 입헌주의적 제
도를 포함하는 실정 헌법의 부분. 4) 성문화된 입헌주의적 기본법
및 이에 부가된 동일한 성격을 갖는 신법新法." 그리고 그는 "마지
막 것의 의미에서 그 표현은 최소한 대륙에서는 일반적으로 적용된
다"고 덧붙인다.[330] 이러한 일상화의 배경에는 1848년의 혁명과 함
께 헌법 국가가 최종적으로 관철되었다는 사실이 있었다. 이와 함
께 헌법의 이해를 둘러싼 오랜 논쟁들 중 몇몇이 종료되었다. 자연
법적 논증이 사라졌다는 점이 가장 주목할 만하다. 이미 파울 교회

에서 열린 헌법제정회의에서 자연법적으로 논증하는 의원은 소수였다. 현실주의적 분위기가 동세기 후반에 계속되었다.

트베스텐Twesten과 같은 자유주의자는 1859년, 도처에서 역사에 대한 완전히 새로운 이해와 현실에 대한 생산적인 관심이 눈을 뜨고 있다고 지적한다. 그 결과로, "공허한 선언과, 국가 강령에 되풀이하여 초안을 제시하던 추상적 개념들로 이루어진 자의적 구성들이 입을 다물게 되었는데, 이들은 이론적으로는 좋아 보이지만 현실에서는 유용하지 못하다." 그것은 구舊 사회질서의 극복에 도움을 주었을지 모른다. "그 목적의 핵심 부분이 달성된 이래, 이들 개념들은 점차 그 신뢰를 상실하였다."[331] 계약은 세기 후반에 대부분의 저작들에서 조용히 사라졌다. 그것은 더 이상 헌법의 형성 형식의 정당성을 근거 짓는 유일한 방법이 아니었다.

1848년 이후 《자연법Naturrecht》에서 상세한 "헌법론"을 서술한 아렌스Ahrens는,[332] 계약이라는 형식이 "국가 권력과 국민 대표의 정당하고 존경할 만한 지위에 이와 동일한 수준으로 가장 잘" 상응한다고 하면서도, 바로 다음과 같이 말한다. "그러나 계약은 단지 헌법의 생성 및 존속의 형식을 나타낼 뿐이고 헌법 규정이 일반적으로 구속력이 있는 것으로 확정된 이후에는 제정법으로서의 특성을 지니게 된다."[333] 이에 반하여 헬트는 계약이라는 범주가 헌법에 대해서는 완전히 부적절하다는 이유로 거부한다. 국가와 국가의 권력은 그 행사에 대하여 규정이 만들어지기 전에도 항상 이미 존재했다는 것이다.[334] 이후에 이런 근거에서 초른Zorn은 "국법적으로 볼 때, 모든 헌법Verfassung은…… 흠정되는…… 것이고 협약…… 헌법 개념은 국법적으로 성립될 수 없는 것"이라고 주장한다.[335] 1848년 이전에는 이성법적 요구를 충족하기 위하여 흠정 헌법oktroyierte Verfassung을 협약 헌법paktierte Verfassung으로 새로이 해석하는 것이 문제가 되었다면, 이제는 국가 권력의 우위를 유지하기 위해 협약 헌법을 흠정 헌법으로 만드는 노력을 기울인다.

2. 헌법의 실정화

다른 한편으로 헌법의 제정 가능성은 원칙적으로 더 이상 논란의 여지가 없었다. 그것은 파울 교회 헌법제정회의에서는 완전히 자명한 것이었다. 기본권에 대한 헌법위원회의 보고자였던 베젤러 Beseler는 "마지막으로 나는 헌법을 제정하는 것이 우리의 과제라는 것을 여기서 특히 강조하고자 한다"고 말했다.[336] 무엇이 제정되어야하는지를 제시하는 것은 더 이상 필요해 보이지 않는다. 헌법이라는 표현은 단지 부가적 의미가 아니라, 독자적인 의미를 획득하였다. 1848년 4월 3일, 예비의회는 "헌법제정국민회의"의 구성을 의결한 후에, "독일의 미래 헌법에 대한 결의는 오직 국민에 의해 선택되는 이 헌법제정국민회의에 위임되어야 한다"고 결정하였다.[337] 가게른Gagern은 국민회의 의장으로 선출된 후에 이렇게 선포했다. "우리는 가장 큰 의무를 수행해야 한다. 우리는 독일을 위해, 전체 제국을 위해 헌법을 창조해야 한다. 이 창조의 소명과 전권은 국민의 주권에 있다."[338] 이 과업과 목표에 가장 빈번하게 사용되는 비유는 '건축하다bauen', '건축Bau', '건축물Gebäude'이었다. 그 건축은 조건 없이 시작될 수는 없는데, 왜냐하면 "새 헌법은 그것을 지니게 될 인민의 가장 내면적인 상태에서 나오고 그 뿌리를 국민적 견해와 요구에 두며 현재의 상황에서 가능한 것과 도달 가능한 것을 실현하고자 할 때에만, 새 헌법이 존속을 보장받기 때문이다." 하지만 그럼에도 불구하고 제안서가 바로 확실히 하는 바와 같이, 이것이 형성에 대한 요구를 포기하는 것은 아니었다. "오래된 건축물에 새롭게 칠을 하거나 새로운 각목 하나를 끼워 넣을 수는 없다. 종래의 우리 헌법을 새로운 요소, 새로운 기본 형태를 이용하여 개조할 필요가 있다."[339]

1848년 이후 보수주의자들 역시 "만들어지는" 헌법을 점차 받아들이기 시작한다. 레오폴드 폰 게얼라흐Leopold von Gerlach는 흠정된 프로이센 헌법에 관하여 기록하였다. "신이 이 헌법 문서로써 바른 길을 갔다는 것은 나에게는 아주 분명하다."[340] 1850년대 반동 시대의 내무부장관인 그라프 폰 베스트팔렌Graf von Westphalen은 비록 프로이센에 손해와 위험을 주는 요소 중 "혁명에서 생겨난 헌법적 기본법"을 우선적으로 지적하지만, "종이 다발"을 왕의 "면허장Freibrief"으로 대체하려는 군주의 희망에는 동의하지 않았으며, 오히려 군주의 측근인 라도비츠Radowitz처럼 헌법 개정과 헌법 해석을 통한 교정을 조언했다.[341] 총리 만토이펠Manteuffel은 프리드리히-빌헬름 4세Friedrich-Wilhelm IV에게 헌법에 의해 군주제가 어느 정도 약화되지만, 일방적인 철회는 더 심한 약화를 의미한다고 피력한다.[342] 이로써 보수주의자들의 구호는 더 이상 헌법에 반대하는 투쟁이 아니라, "헌법의 개선"이었다.[343]

3. 권력 관계의 표현으로서의 헌법

라스커Lasker는 1861년 프로이센 헌법 정치는 단지 "방해와 파괴"로 귀결되었다고 회고하였다. "헌법 속에 심어졌던 모든 모순은 주도면밀하게 육성되어 근본적인 견해 차이로 확대되었으며, 새로운 모순들이 발생하였다. 유보된 법률들은 고약하고 애매한 정신 속에서 작성되거나 완전히 방치되었고, 명료한 헌법 규정들이 흠 잡히고 흥정되었다. 과거의 국법이 새로운 것에 반하여 투쟁하였으며 승리는 항상 그들의 몫이었다."[344] 자유주의는 이를 통하여 헌법의 실효성이 별 어려움 없이 법적 효력만으로 생기지는 않는다는 인식에 이르렀다. 이미 1852년에 로렌츠 폰 슈타인Lorenz von Stein은 이러한 간극을 설명하였다. "헌법은 제정 법률의 법이 아니라 현실 상태의 법으로부터 형성된다."[345] 이러한 현실 상태가 프로이센에서 "외견적 입헌주의Scheinkonstitutionalismus"만을 허용한다는 것이다. 슈타인보다 앞서 생시몽Saint-Simon은 프랑스 헌법의 급격한 변화 이후, 문제는 정부 형태라기보다 소유이며 소유의 "헌법

constitution"이 "édifice social(사회구조)"의 현실적 기초를 형성한다는 확신에 이르렀다.[346] 이어서 라살레Lassalle가 이러한 단초를 수용하여 대중화하였다.[347] 라살레는 요구와 현실을 비교하였다. 라쌀에는 "나라의 기본법"으로서의 헌법이라는 생각에서 출발하여, 이를 "이들 나라에서 제정된 여타의 모든 법률과 법제도를 필연적으로 바로 현재의 상태로 만드는 활동하는 힘"으로 이해한다.[348] 하지만 그는 이러한 "활동하는 힘"을 헌법 제정법에서가 아니라 정치적이고 사회적인 권력들 속에서 발견한다. "군대가 복종하는 국왕과 대포— 이것이 헌법의 일부이다."[349] "보시히Bosig 씨나 에겔스 Egels 씨 같은 거대 기업가들 — 이들이야말로 헌법의 일부이다"[350]라는 식으로 하여 다음과 같은 결론에 이른다. "우리는 지금까지, ……, 무엇이 나라의 헌법인가를 보았는데, 이는 즉 한 나라의 내부에 존재하는 사실적인 권력 관계이다."[351]

이로써 성문 헌법의 승리를 통해 점차 밀려났던 이전의 상태적 '헌법' 개념이 규범적 개념의 배후로부터 다시 등장했는데, 이제는 사회경제적으로 논증되는 권력 상태로서 엄밀하게 규정되었다. 라살레는 또한 법적 헌법의 승리 역시 변화된 권력 관계의 결과라고 보았다. 하지만 법적 헌법은 사실상의 헌법에 여전히 종속된다. 그것은 권력 관계와 일치하는 만큼만 효력을 획득한다. "종잇장에 쓴 것은, 그것이 사물의 현실적 상태, 즉 사실적 권력 관계와 모순된다면 전혀 중요하지 않다."[352] 이러한 라살레의 헌법 이해는 생성 중이던 사회학에 수용된다.

막스 베버Max Weber는 "헌법을, 명령을 통하여 공동체의 행위에 영향을 줄 수 있는 가능성을 규정하는 공동체 내의 사실상의 권력 배분 유형"이라고 정의하였다.[353]

4. 근본 질서 또는 부분 질서

프로이센 헌법 갈등은 라살레의 권력 이론의 실험 사례로 적용될 수 있다. 물론 법적으로는 단지 개별 헌법 조항의 올바른 해석이 문제되었다. 그렇지만 배후에는 법적 헌법에 대한 두 개의 상이한 개념들이 나타난다. 자유주의자들에게 헌법은 전입헌주의적 국법과의 완전한 단절을 가져온다. 라스커는 일찍이 다음과 같이 설명했다. "군주의 모든 권능은······ 무제한적인 권력의 완전성으로 인한 결과였다. 헌법이 그 완전성을 극복함에 따라 그 권능들이 흘러나오던 원천은 막히게 되었다. 헌법은 군주에게 국가 복리가 요구하는 권능들을 새로이 부여해야 했고,"[354] 그 직후 "군주의 권능은 헌법의 실정법적 창조물이 되었다."[355] 여기서 헌법은 국가 활동을 정당화하는 기초로 나타나며 초헌법적 권능을 위한 여지를 허용하지 않는다. 반대로 보수주의적인 국법학은 바로 그러한 단절을 직접적으로 부정하고 국법적 연속성을 증명하고자 하였다. 칼텐보른Kaltenborn에게 있어 "독일 국가의 헌법"은 "헌법전"과 함께 비로소 시작된 것이 아니라, 단지 "새로운 단계"로 접어든 것에 지나지 않았다. "……특히 국가 권력의 보유자로서의 독일 군주의 지위는 헌법전을 통하여 마침내 법적으로 창조된 것이 아니라, 단지 보다 상세하게…… 규정되고 제한되었을 뿐이다."[356] 여기서 헌법은 단지 제한하는 영역 질서로 나타난다. 헌법이 군주를 명시적으로 제한하지 않는다면, 군주는 본래의 국가 권력을 계속 보유한다. 이러한 이유로 "헌법전은 신민과 관련되는 한에서만 제정법이며, 군주의 권한 관계를 규정하는 한에서는 제정법이 될 수 없는데, 이는 제정법이 항상 국가 안의 어떤 인격이나 권력을 전제로 하고 이러한 인격이나 권력은 법 제정의 대상 위에 군림하기 때문이다."[357] 그렇기에 자이델Seydel은 자신의 저서인 《바이에른 국법Bayerisches Staatsrecht》을 "통치자"로 시작하여 그 다음에 비로소 "헌법"이 뒤따르도록 하고, 여기서 주로 신분의회와 행정 관청을 다룬다.[358]

이러한 헌법 사상은 보른하크Bornhak에 의해 개념화되었다. "공화정은 오직 헌법을 통하여, 그리고 헌법과 함께 법적 생활을 시작"할 수 있지만, 군주정은 국가 인격의 존재를 항상 이미 전제로 한다. 이는 헌법의 도입에도 불구하고 변하지 않는다.

그 결과 "공화국의 최초의 헌법은…… 공법의 유일한 기초이지만…… 입헌군주제 헌법"은 이에 반하여 부분 질서일 뿐이다. 공화국 헌법을 "헌법Verfassung"으로, 입헌군주제 헌법은 단지 "헌법전 Verfassungsurkunde"으로만 부를 수 있을 뿐이다.[359]

5. 헌법에 대한 국가의 우위

이러한 학설 속에 표현된 헌법Verfassung에 대한 국가의 우위는 세기 후반에 더욱 저변을 확대하였고, 독일 카이저제국 수립 이후에는 완전히 지배 학설이 되었다. 이로써 혁명의 해에 시작된 관점의 변화가 완성되었다. 독일 시민계급은 1848년의 사건을 통하여 자신의 힘으로 국민적 통일을 달성할 수 없음을 깨닫게 되었다. 정부가 국민국가를 자신의 과제로 삼았을 때 비로소 국민국가가 탄생하였다. 또한 1848년의 경험으로 인해 군주국가의 지원 없이는 밀고 들어오는 프롤레타리아를 막을 수 없다는 공포가 생겨났으며, 이러한 공포로 인하여 국민국가 형성을 정부에 맡기려는 생각이 더욱 커졌다. 이러한 상황에서 헌법의 빛깔이 바래고 헌법은 이제 방어적 기능을 맡게 된다. 칼텐보른은 "격렬한 정치적 소요와 전개가 있는 우리 시대에" 국법의 "성문적 정형화"를 확보하는 것은 "반드시 필요한 것"이고 "지속적 발전을 위한 견고한 기초이며 주제넘은 혁신의 중독에 대한 방어벽"이라 설명하였다.[360] 국가 권력을 헌법으로부터 해석해내는 것이 더 이상 문제되지 않고, 오히려 헌법을 국가 권력으로부터 해석해내는 것이 문제되었다. 헌법은 기초가 아니라 첨가물이다. 이에 따라 법학에서는 몇몇 예외를 제외하고는[361] 저작들을 '국법'이라 부르려 했으며, 헌법은 국법을 결코 포괄할 수 없는 단지 국법의 일부분이었다. 국가와 헌법의 지위 분배에 대하여 국법학은 제국 설립자와 같은 의견이었다. 비스마르크

Bismarck는 제국의회에서 천명하였다. "내가 방향을 정하는 데에는 항상 유일한 나침반, 유일한 북극성이 있었습니다. 그것은 공공복리입니다! ……국가, 국가의 대외적 지위, 국가의 자주성, 우리의 조직을 우선해야 우리가 거대 국가로서 세계 속에서 자유롭게 호흡할 수 있습니다. 의원 여러분, 나는 솔직히 고백합니다. 그 다음에 뒤따를지 모르는 모든 자유주의적, 반동적, 보수주의적 헌법 Verfassung은 나에게는 부차적인 것입니다. 그것은 지금은 사치스러운 가구여서 집이 견고하게 세워진 후가 적절한 시점입니다 …… 먼저 견고한, 대외적으로 안전하고 대내적으로 건실한, 국민적으로 결속된 건축물을 만들어냅시다. 그 다음에 얼마나 자유주의적인 헌법 제도로 그 집의 가구를 비치할 것인지에 대해 내 견해를 물으십시오."[362] 이러한 태도를 법적으로 표현하면 널리 확산되던 헌법과 일반 법률의 동일시였다. 헌법 또한 모든 일반 법률처럼 그에 선재하는 국가 권력의 발현인 것이지, 국가 권력의 기초는 아니다. 차이는 오로지 변경이 여전히 어렵다는 점 또는, 라반트Laband가 말하듯이, 강화된 "법률의 형식적 효력"에 있다.[363] 헌법이 내용의 중요성에 그 근거를 갖는다는, 아직 게르버Gerber까지는 인지하고 있었던 것은[364] 망각되었다.

6. 헌법Verfassung과 실정 헌법Verfassungsgesetz의 동일성

1887년 로렌츠 폰 슈타인은 다음과 같이 적었다. 그동안 "헌법의 본질적 개념과 법문法文에 대해 매우 깊이 숙고되었다…… 어떠한 실정 헌법도 법 사상에서 생기는 것이 아니라 오히려 이제는 항상 국법으로 된 이전의 사회 질서를 포함하는 것이며, 그러므로 헌법은 무엇보다 소유의 분배에서 발생하고 헌법의 역사는 소유 및 노동 질서에 기초한 인간 질서의 역사라는 생각조차도 더 이상 논쟁거리가 되지 않는다. 이러한 헌법을 스스로 보유하고 있는 우리의 시대는 그 원리를 완전히 정식화하고 그 체계를 세울 수 있게 되었다. 이제 전반적으로는 불확실한 점이 별로 없으며, 개별 문제들의 결정은 안심하고 세력과 사실의 자연스러운 전개에 맡길 수 있다."[365] 국법학은 이러한 인상을 자신의 방법으로 확인하였다. 1870년 독일 카이저제국 성립 이후 실증주의가 신속하고 지속적으로 관철되었으며, 이로써 헌법은 더 이상 정치적인 것이 아니라 오직 법적 문제를 제기할 뿐이라는 점을 천명하였다. 법적 헌법과 사실적 헌법의 조건 관계는 북독일연방 헌법norddeutsche Bundesverfassung과 제국 헌법Reichsverfassung의 효력 근거에 대한 의문과 관련하여 잠시 한 차례 반짝 조명을 받았다. 이 두 차례의 국가 설립에서 독일 국법학은, 기존의 국가가 사후에 헌법적으로 제한되는 것이 아니라, 새로운 국가가 헌법이라는 토대 위에 세워진다는 익숙하지 않은 상황에 직면하였다. 다수의 국법학자들은 문제 해결을 위해 법적 헌법을 전제하는 사실적 헌법으로 소급한다. 옐리네크Jellinek는 국가의 형성을 법적으로 구성하기 위한 노력을 헛된 것으로 보았다. "국가의 창설이 이루어지는…… 모든 과정은, 법적 정식에 따라서가 아니라, 역사적으로 파악될 수 있는 사실이다."[366] "국가의 개념에서 가장 본질적 요소는, 국가는 질서인데 질서 이전의 질서는 그 자체로 모순이라는 점이다. 그러므로 한 국가의 최초의 질서, 즉 최초의 헌법은 법적으로는 더 이상 추적하여 도출해낼 수 없다."[367] 옐리네크는 《국가학Staatslehre》에서 "어떠한 지속적인 집단도 그의 의지를 형성하고 실행하며 집단의 범위를 한계 짓고, 구성원의 집단에서의 지위와 집단에 대한 지위를 결정함에 있어 따라야 할 질서를" 필요로 한다고 더 상세히 설명하였다. "이런 유형의 질서를 헌법이라 한다."[368] 그렇기 때문에 국가와 헌법은 필연적으로 서로 결합되어 있으며, 헌법이 필연적으로 법 질서이어야 하는 것은 아니라는 것이다. "국가가 존립하기 위하여 필요로 하는 최소한의 헌법을 충족시키기에는 국가 통일체를 유지하는 사실상의 힘의 존재로 충분하다."[369]

7. 실정 헌법의 (통합) 과정론적procedural 해체

이후 칼 슈미트Carl Schmitt는 카이저제국의 실증주의 국법학이 전혀 헌법 이론을 형성하지 않았다고 비판하였다. 슈미트는 "제1차

세계대전 이전의 정치적, 사회적 안정감"[370]에서 가장 중요한 이유를 찾았다. 그것이 옳다면 바이마르공화국에서는 헌법에 대한 질문이 다시 근본적으로 제기되어야 했는데, 바이마르 헌법은 현존하는 통일성의 표현이 되지 못하고 오히려 존속하는 동안 논쟁의 대상으로 머물렀기 때문이다. 사실상 이 시기에 켈젠Kelsen이 법학적 헌법 개념을 극도로 강화한 이후에, 특히 스멘트Smend와 슈미트가 법학적 헌법 개념을 결정적으로 상대화한 것을 관찰할 수 있다. 《헌정과 헌법*Verfassung und Verfassungsrecht*》이라는 제목이 이미 보여주듯이 스멘트는 헌법 개념Verfassungsbegriff을 규범적으로 좁게 이해하는 입장과는 거리를 두었는데, 그렇다고 하여 헌정Verfassung과 사실상의 권력 관계를 경험주의적으로 동일시하는 입장을 받아들이지는 않았다. "헌정Verfassung은 국가가 그 생활 현실을 영위하는 삶, 즉 국가의 통합 과정"에 기여한다. "이러한 과정의 의미는 국가의 생활 총체성을 항시 새로이 형성하는 것이고, 헌정Verfassung은 이러한 과정의 개별적 측면들을 법적으로 규범화하는 것이다."[371] 스멘트는 그와 같은 사실들로부터 "통합 질서로서의 국가 헌법이 통합 가치를 지향"해야 할 필연성이 있다고 결론짓는다.[372] 이를 헌법 해석과 관련하여 본다면, 헌법 해석은 법률 해석과는 달리 규범의 텍스트와 법학적 방법에 대한 기속으로부터 매우 자유로우며 통합의 성과와 연관됨을 의미한다. "이렇게 부여된 결과는 정치적 삶의 흐름에 의해 종종 정확히 합헌적인 경로에 이르지 않을 수도 있을 것이다. 하지만 조문에는 보다 충실하지만 결과에 있어서는 미흡한 헌정 생활보다는, 정신의 가치 법칙성과 헌법의 조문에 의해 부여되는 통합 과제를 수행하는 편이 몇몇 경우 헌법에 어긋난다고 하더라도 헌법 자체의 의미에는 더 상응한다."[373] 따라서 헌법 규범은 또한 예외적인 경우에만 헌정 생활을 엄격히 구속하려한다. "실정 헌법이 융통성을 지니며 그 체계가 상황에 따라 스스로 보완되거나 변천한다는 것은 실정 헌법의 내재적이고 자명한 의미일 뿐이다."[374] 이로써 법과 현실 사이에 더 이상 명확한 경계를 지을 수 없다. 실증주의 국법학에 급진적으로 반대하던 스멘트는 다음과 같이 말했다. "실정법으로서의 헌법은 단지 규범일 뿐 아니라 현실이기도 하다. 그리고 헌정Verfassung으로서의 헌법은 통합하는 현실이다."[375]

8. 실정 헌법의 결단주의적 해체

스멘트와 달리 칼 슈미트는 성문 헌법을 항구적 과정이 아닌 일회적 결단을 근거로 하여 해체하였다. 그의 《헌법학Verfassungslehre》의 요지는 "정치적 통일체의 유형과 형태에 대한 총체적 결단"으로 정의되는 이른바 "실정적 헌법 개념"이었다.[376] 그는 이러한 실정적 헌법 개념을 절대적 의미의 '헌법Verfassung'과 상대적 의미의 '헌법 Verfassung'의 구별을 전제로 정식화하였다. "절대적 의미의 헌법은 (현실적 또는 가상적) 총체"를 제시하는데 이는 "정치적 통일성과 정치적 질서의 전체 상태" 또는 "최상과 최종의 규범들의 통일적이고 결속된 체계"를 말한다.[377] 전자의 경우 헌법은 존재에 관계되고 후자의 경우에서는 당위와 관계된다. 그러나 당위는 그 근원으로서 의지를 전제로 하기 때문에 결국 존재에 근거한다.

그에 반하여 "일련의 특정한 유형의 법률들을 헌법"이라 부른다면, 이는 다만 상대적 헌법 개념일 뿐이다. 상대적 헌법 개념은 통일된 "전체"에 관련되어 있는 것이 아니라 내적으로 연결되지 않은 다양한 규범들과 관계될 뿐인데, 이 규범들은 단지 하나의 법령에 속한다든가 또는 개정이 어렵다든가 하는 형식적 범주에 의해 묶여 있는 것으로 규정된 것이다.

"헌법Verfassung과 실정 헌법Verfassungsgesetz은 여기서 동일한 것으로 다루어진다."[378] 슈미트 자신이 이러한 연결을 한 것은 아니지만, 실정적 헌법 개념은 절대적 헌법 개념의 하위 항목에 속하는 한편 실정 헌법은 상대적 헌법 개념에 속하는 것으로 보아야 한다. 그러나 이 둘은 서로 무관하게 병존하는 것은 아니다. "실정 헌법"은 오히려 "헌법을 근거로 비로소" 유효하며 "헌법을 전제로 한다."[379] 그렇기 때문에 "헌법의 본질은 법률이나 규범이 아니라," 정치적 통일체의 유형과 형태에 대한 전체적 결단이다. 이러한 구별의 목적은 법률가의 관심을 "실정 헌법"으로부터 그 배후에 있는 "정치적 결단"으로 유도하는 것이다. "제대로 본다면, 기본적인 정치적 결단은 실증주의 법학에 대해서도 결정적인 것이고 원래 실정적인 것이다. 개별적 권한의 열거와 확정, 어떠한 이유에서 실정 헌법의 형식에 포함된 규정들 등과 같은 그 이상의 규범들은 근본 결단에 비한다면 상대적이고 부차적이다."[380] 또한 충돌이 있는 경우에는 실질적인 정치적 근본 결단이 형식적인 법적 표현을 제치고 관철되는 결과를 가져온다. 그러나 슈미트는 이로써 실정화된 헌법 배후에 있는 구조를 보는 안목을 여는 데에 그치지 않았다. 오히려 그는 권력에 대한 법적 통제의 이점들을 다시 포기하였다. 실정 헌법은 정치를 단지 근본 결단이라는 척도에 의해서만 기속하게 되었다.

9. 규범적 헌법과 존재 합치적 헌법

헤르만 헬러Hermann Heller는 슈미트나 스멘트와 유사하게 "사회적 현실로서의 헌법Verfassung"과 "독립화된 법으로서의 헌법 Rechtsverfassung"을 구별하였다. 하지만 헬러의 《국가론Staatslehre》은 그들과는 반대로 헌법을 동적 과정이나 결단 속으로 해체시키는 것을 피하고자 하였는데,[381] 이 책은 바이마르공화국의 몰락 이후에야 비로소 외국에서 출판되었다. 바이마르공화국 말기의 헌법 이론은 완전히 칼 슈미트에 의해 지배되었다. 그는 《헌법학 Verfassungslehre》에서 제기했던 헌법의 상대화를 이제 완성했고, 이로써 바이마르 헌법의 반대자들에게 표제어를 제공했다. 1931년에 《헌법의 수호자Der Hüter der Verfassung》라는 글에서 그는 "현재의 구체적인 헌법 상황"을 분석했다.[382] 이 "헌법 상황Verfassungslage"이라는 것은 "헌법학"에서의 개념틀로 분류되지 않으며, 또한 그에 들어맞지 않는 것도 명백하다. 왜냐하면 이것이 (절대적) 헌법Verfassung과도 (상대적) 헌법Verfassungsrecht과도 같지 않고, 오히려 그 둘과 다르다는 점이 특징이기 때문이다. 따라서 후버Huber는, 슈미트가 《헌법학》에서 법 실증주의의 형식적 헌법 개념을 극복한 후에, 이 글에서 자신의 "헌법 이론의 두 번째 본질적인 부분"을 전개했다고 읽어내려 했다.[383] 후버에 따르면 "진정한 헌법은 규범적 헌법일 뿐 아니라, 동시에 현실적인, 존재 합치적인 헌법이기도" 하다.[384] 이렇게 보면 근본 결단으로 볼 수 없는 부분 외에, 더 이상은 현실성이 없는 근본 결단 역시 헌법 개념의 구성 요소에서 탈락한다. 1년 후 슈미트는 《합법성과 정당성Legalität und Legitimität》에서, "헌법의 새로운 형성"[385]에는 법적으로 아무런 장애가 없음을 입증하려 하였다. 합법성은 모든 법 질서의 일반적 요청이 아니라, 단지 의회주의적 입법 국가에서 형성된 법 적합성Rechtsmäßigkeit의 특별한 형태일 뿐이라는 것이다. 의회주의적 입법 국가가 더 이상 기능하지 않는 곳에서는 합법성은 그 기반을 잃어버렸다. 그렇기 때문에, 헌법의 형식은 헌법의 실체를 방어하려는 자를 기속하지 못한다. 후버는, "칼 슈미트가 이러한 위협적인 상황에서…… 합법성에 대한 요구가 헌법적으로 무가치함을 폭로한 것은 독일 국법학자의 정치적 책임의 표현"이라고 칭송했다.[386] 하지만 1932년의 상황에서 슈미트는 헌법의 전체 실체를 구할 수 없다고 보았다. 그는 바이마르 헌법을 두 개의 서로 모순되는 근본 결단, 즉 다수의 결정에 기초한 가치 중립적인 국가 조직 부분과 가치 연관적인 기본권 부분의 결합체로 보았다. "이제 바이마르 헌법은 두 개의 헌법이라는 인식에서 두 개의 헌법 가운데 하나를 선택해야 한다면," 의회주의적 입법 국가가 "실체적 질서"를 위해 희생되어야 한다. "그것이 성공하면, 독일 헌법의 정신이 구원되는 것이다."[387]

10. 규범적 헌법의 종말

슈미트가 1932년에 이야기했던 "독일 헌법deutschen Verfassungswerk" 이라는 말이 국가사회주의 체제를 의미했다고 가정할 수는 없다. 그러나 국가사회주의가 권력을 잡자, 그는 《국가사회주의 헌법 국가의 일 년Ein Jahr nationalsozialistischer Verfassungsstaat》라는 제목으로 다음과 같이 서술하였다. "자유주의 헌법이 없는 국가는 헌법을 전혀 갖고 있지 않다는 견해를 관철한 것이 자유주의의 가장 큰 승리이다…… 하지만 오늘날 헌법 상황을 관찰해보면, 모든 헌법은 각각 고유한 헌법 개념을 갖는다는 점을 처음부터 단호히 강조하는 것이 더욱 필요하다."[388] 국가사회주의 국가도 역시 헌법을 갖지만, 이는 내용은 물론 형식에서도 자유주의 헌법과는 구별된다는 것이다. 후버는 그의 헌법 교과서에서 다음과 같은 문장으로 표현하였다. "독일제국의 새로운 헌법은…… 형식적 의미로는 헌법이 아니다."[389] 슈미트는 심지어 독일 민족적 내용에 자유주의적 형식을 부여하는 것에 대하여 명시적으로 경고한다. "국가사회주의자가 잠시라도 현혹되어, 적어도 포괄적이고 하나의 문서에 정리된 규율의 형태로 국가사회주의적 내용을 담은 별개의 문서를 바이마르 헌법에 대치시켜야 한다고 생각한다면, 그것은 정치적으로 올바르지 않을 뿐 아니라 민족주의 정신에도 부합하지 않을 것이다."[390] 바이마르 헌법과 같은 "사이비 헌법"을 공포하는 것이 아니라, "모든 중요한 점에서 실질적인 헌법 관계를…… 정치적으로 결정하는 것"이 중요하다는 것이다.[391] 히틀러Hitler 자신도 역시 1933년 3월 23일 정부 성명에서 "국민의 의지를 실질적인 지도의 권위와 연결하는" 헌법을 수립하겠다고 예고한다. "이와 같은 헌법 개혁의 법적 합법화는 국민 자신의 동의에 의하게 될 것이다."[392] 국가사회주의 법학에 의하면 실정 헌법, 또는 그 어떠한 헌법 문서도 결코 "본래적 의미의 헌법"이 아니며 "단지 불문不文의 헌법핵Verfassungskern에서 나오는 방사물과 침전물"일 뿐이다. 본래적 의미의 헌법은 당위의 질서가 아니라 그 자체로 정당성을 갖는 존재의 질서이므로, 모든 규범적 공고화에 강하게 반대한다. "그것은 결코 명시적 규정, 성문화된 법조문, 견고한 조직과 제도의 총체가 아니다. 헌법의 핵심은, 독일 민족으로 이루어진 정치 공동체의 통일성과 총체성을 지니는 살아있는 불문不文의 질서이다." 이러한 헌법은 정치 현실에 대한 척도로서 기능하지 않기 때문에, 법적 헌법의 형식적 성질에 좌우되지도 않는다. 오히려 비형식성이야말로 "기본 질서가 경직

되지 않고 끊임없이 살아있는 운동 속에 머무르게 하는" 전제 조건
이다. "새로운 헌법 질서의 본질은 죽은 제도가 아닌 살아있는 기
본 형식으로 이루어진다."[393]

코젤렉의
개념사 사전 2
진보

전망

바이마르 민주주의의 실패와 국가사회주의 독재를 경험한 이후에 법적 헌법은 복원되고

추가적으로 보장 장치도 갖추게 되었다. 무엇보다도 많은 권한을 갖는 헌법재판제도가 도

입되어 법적 헌법이 정치 과정에서 이전에는 상상할 수 없던 중요성을 획득하였다.

CHAPTER XXI

Áusblick

XXI. 전망

●●● 　　　바이마르 민주주의의 실패와 국가사회주의 독재를 경험한 이후에 법적 헌법은 복원되고 추가적으로 보장 장치도 갖추게 되었다. 무엇보다도 많은 권한을 갖는 헌법재판제도가 도입되어 법적 헌법이 정치 과정에서 이전에는 상상할 수 없던 중요성을 획득하였다. 이러한 방식으로 헌법은 공공 영역에서 거의 전적으로 규범으로서 인식되었다.

헌법이 규범적 효력을 가져야 한다는 요구가 증가하면서, 법적 당위 상황으로부터의 예외에 대한 관심 역시 증가하였다. 그러한 예외는 헌법 현실의 관점에서 흔히 관찰된다. 그리고 헌법 현실에서는 경험적 헌법 개념의 요소가 복귀한다. 법적 헌법의 의미가 증대했음에도 불구하고, 그동안 상황이 근본적으로 변화하였음을 간과해서는 안 된다. 법적 헌법은 시민적 사회 모델의 관철과 정착을 위한 수단으로 생겨났다. 이 모델은 사회의 자기 조정 능력에서 유래되었고 국가는 단지 개인적 자유와 사회적 자율을 보장하는 수단으로서만 필요한 것이었다.

　이러한 상황에서 헌법이 지니는 구조적 문제는 국가를 보장 기능에 국한하고 국가의 활동을 부르주아 사회의 이해관계에 구속시키는 것이었다. 이러한 과제는 소극적이면서 조직적인 성격의 것이었고, 따라서 국가 권력 자체를 의무지우는 권리에서 적절한 해결책을 찾았다. 그러나 자기 조정 능력이라는 전제가 옳지 않은 것으로 판명된 이후, 다시 국가가 정의로운 사회 질서를 적극적으로 형성할 것이 요구되었다. 이를 통해 국가의 임무가 다시 실질화된다. 동시에 국가는 그 목적을 추구함에 있어 정치적으로 중요한 자원을 지니고 있는 사회 세력에 의존하게 된다. 규범적 헌법은 이러한 변화에 대하여 중요성 감소라는 대가를 치렀다. 한편으로 이제 나타나는 문제들은 더 이상 소극적이고 조직적인 것이 아니라, 오히려 적극적이고 실질적인 성격의 것이다. 헌법 규범적으로 그 해결책을 제시할 수 있기는 하지만, 그 자체로 문제가 해결되지는 않는다. 다른 한편으로 헌법은, 비국가적 세력이 정치적 결정에 참여하는 만큼, 정치적 지배력의 행사를 포괄적으로 규율하는 요구권을 상실하게 되고, 부분 질서로 내려앉는다. 이 연구를 통해 얻어진 관점에서 볼 때 이러한 변화가 인식되는 정도에 비례하여 법적 헌법의 기반이 되는 정치−사회적 헌법의 중요성은 다시 증가할 것이다.

디터 그림

디터 그림Dieter Grimm(1937~)
1937년 카셀에서 출생. 프랑크푸르트대학에서 법학을 전공. 1962/63년 프랑스 소르본느에서
유학. 1964/65년에는 미국 하버드대학에서 LL.M학위를 취득. 막스플랑크 유럽법제사연구소
에서 연구원으로 재직하면서 "법원리로서의 연대"를 주제로 박사학위를, "헌법과 민법"을 주
제로 교수 자격을 취득하였다 1979년 빌레펠트대학에 교수로 취임하였고 1987년부터 1999
년까지 독일 연방헌법재판소 재판관을 역임하였다. 2000년도에는 베를린 홈볼트대학으로 옮
기면서 베를린 한림원Wissenschaftskolleg zu Berlin의 원장 및 평생연구원Permanent Fellow으로 취
임하였다.

옮긴이의 글

● ● ●　　　한림대학교 한림과학원에서 《코젤렉의 개념사 사전》을 번역하는 사업을 해온 것은 매우 의미있는 일이다. 근대화의 지각생이 되어 서구의 학문을 상당 부분 일본을 통해 간접적으로 접할 수밖에 없었던 우리의 상황에서 이는 서구 문명의 핵심 개념이 형성·전개되어 온 생생한 모습을 직접 들여다볼 수 있는 기회를 부여하기 때문이다. 우리에게 근대화는 시간적으로 지체된 것만이 아니다. 시간적 지체를 추격의 속도전으로 어느 정도 극복한 오늘날 살펴볼 때, 서구의 근대성을 파편화되고 분절된 형태로 받아들인 문제점이 두드러진다. 근대 문명이 다양한 영역에서 개별적으로 수입되어 전개되다보니 개별 영역 사이의 소통 부족을 절실하게 느낀다. 학문의 영역에 맞추어 문제가 발생하는 것이 아니기 때문에 이는 문제 해결 능력의 부족으로 연결되고 현실과 학문의 괴리를 가져온다. 학제 간 연구의 훌륭한 모범인 《코젤렉의 개념사 사전》은 개별 연구 영역들이 소통하게 하는 다리를 놓아준다.

개인적으로는 코젤렉 교수가 봉직했던 독일 빌레펠트대학에서 1988년부터 1995년까지 박사 과정에 재학하는 동안 이 대학의 설립 이념인 학제 간 연구를 경험했기 때문에 남다른 감흥이 있다.

코젤렉은 《코젤렉의 개념사 사전》 제1권의 서문에서 이 사전을 편찬하는 목적을 밝히면서 역사적 개념을 "시대가 지나면서 역사 연구의 대상이 되는 역사 운동의 선도적 개념들Leitbegriffe"이라고 밝히고 있다. 이러한 개념들을 선별하는 기준은 다음과 같다(제1권 서문, XIV쪽; 또한 이진일, 개념사의 학문적 구성과 사전적 기획 사이에서, 개념과 소통 제7호(2011.6) 141쪽 이하):

1) 헌법의 중심 개념들zentrale Verfassungsbegriffe
2) 정치적, 사회적, 경제적 조직의 핵심 단어들Schlüsselworte
3) 당해 학문들의 명칭
4) 정치 운동의 선도 개념들과 그 표제어
5) 지배적 직업 집단과 사회적 계층의 명칭들
6) 행위 공간과 노동 세계를 분류하고 해석하는 이데올로기들을 포함하여, 이론적으로 난해한 핵심 개념들

여기서 코젤렉이 헌법의 중심 개념들을 가장 먼저 제시한 이유는 18, 19세기 동안 정치적·사회경제적 논쟁과 변화의 중심에 있던 선도적 개념들이 입헌주의 헌법의 문서에 집약되었기 때문일 것이다. 따라서 나머지 기준들도 헌법의 중심 개념들과 적지 않게 중복

된다. 제1권의 귀족Adel, 노동/노동자Arbeit/Arbeiter, 비상사태 Ausnahmezustand, 농민Bauer, 직업Beruf, 교육Bildung, 연방 또는 동맹Bund, 시민Bürger, 민주Demokratie, 독재Diktatur; 제2권의 소유 Eigentum, 통일Einheit, 해방Emanzipation, 가족Familie, 자유Freiheit, 평화Friede, 사회Gesellschaft, 법률Gesetz, 권력 분립Gewaltenteilung, 평등Gleichheit, 기본권Grundrechte; 제3권의 국제적Internationale, 전쟁Krieg, 정당성/합법성Legitimität/Legalität, 권력Macht/Gewalt, 다수/소수Mehrheit/Minderheit; 제4권의 군주제Monarchie, 자연법 Naturrecht, 중립성Neutralität, 공공성Öffentlichkeit, 야당Opposition, 기관Organ, 의회Parlament, 정당Partei, 정치Politik, 경찰Polizei, 언론 Presse; 제5권의 권리/정의Recht/Gerechtigkeit, 정부Regierung, 제국/국가Reich, 대표Repräsentation, 공화국Republik, 안전Sicherheit; 제6권의 국가와 주권Staat und Souveränität, 결사Verein, 헌법Verfassung, 계약Vertrag; 제7권의 행정/직/공무원Verwaltung/Amt/Beamte, 국민 Volk/Nation, 복지Wohlfahrt, 존엄Würde 등과 같은 개념은 근현대의 입헌주의 헌법 문서와 밀접하게 연결되어 있다.

《코젤렉의 개념사 사전》은 18세기 중반 이래로 주요 용어에서 근본적인 의미 변화가 생겨서 이전의 단어들이 새로운 의미를 획득하였다는 추측, 즉 발견법적 예견heurotischer Vorgriff에서 출발하고 있다(제1권 서문, XV쪽 이하; 또한 이상명, 《철학 역사 사전》과 《역사적 기본 개념》의 비교 고찰, 개념과 소통 제8호(2011. 12) 49쪽 이하). 이러한 예견은 개별 개념들의 변화를 추적함으로써 확인되는데, 그림 교수는 헌법 II의 서두에서 1770년 이래 Verfassung 개념이 규범화하고 이념화하는 근본적인 변화가 발생하였다고 하면서 경험적 예견이 Verfassung 개념에도 적용된다고 보고 있다.

그림 교수는 최근에 출판된 세 명의 후학들과의 대담집에서 역사학자인 코젤렉, 벨러Wehler, 코카Kocka 교수와 빌레펠트대학에서 나눈 교류에 대해 언급하고 있다. 개념사 연구에 큰 의미를 부여하지 않던 벨러 교수가, 코젤렉 교수의 제안을 받아들인 자신에게 왜 이런 고역苦役을 감당하려고 하는가 물었지만 개념의 변천을 탐구하는 것에 흥미를 느꼈다고 회고하고 있다. 그림 교수는 또한 헌법 I, II는 이탈리아어와 포르투갈어로, 헌법 II는 영어로 번역되었음을 밝히고 있다(Dieter Grimm, "Ich bin ein Freund der Verfassung", 2017, 112쪽 이하).

개념의 학문인 법학을 연구하는 자가 개념의 역사에 관심을 지니는 것은 당연하다. 법학자의 이러한 관심은 코젤렉이 제1권 서문의 도입부에서 인용하는 레씽의 희곡 한 구절로 대변된다.

Ernst: Wovon ich einen Begriff

　　　habe, das kann ich auch

　　　mit Worten ausdrücken.

Falk: Nicht immer; und oft

　　　wenigstens nicht so, daß andre

　　　durch die Worte vollkommen

eben den selben Begriff bekommen,

den ich dabei habe.

에른스트: 내가 개념을 지니는 것이라면

　　　　나는 그것을 단어로 표현할 수 있다네.

팔　크: 항상 그렇지는 않지. 다른 사람들이

　　　　그 단어로 내가 가진 개념을

　　　　바로 그대로 받아들이지 않은 경우가

　　　　종종 있지 않은가.

Verfassung은 두 개의 부분으로 나뉘어 있다. 첫 번째 부분은 Konstitution 및 Verfassung과 관련된 고대, 중세 및 근세의 용례를 다양한 분야에서 살피면서 근대적 입헌주의 헌법에서의 법적 헌법 개념이 형성되기 이전에 개념이 전개되어가는 모습을 보여주고 있다. 두 번째 부분은 계몽주의와 시민혁명기를 거치면서 Verfassung 이 오늘날 이해하는 입헌주의 헌법으로 완성되는 최종적인 과정과 그 내용, 그리고 이후에 나타나는 입헌주의 헌법의 위기와 관련되어 있다. 두 번째 부분의 내용은 도입부에 잘 정리되어 있다. 코젤렉의 개념사 총서에서 Verfassung의 개념은 법적인, 규범적인 측면이 있다는 점에서 다른 개념들과 구별된다. 근대 이전의 부분도 법학자가 서술하게 된 것은 이러한 배경 때문일 것이다. 특히 이 책의 전반부는 읽기도 번역하기도 난해한 부분이 적지 않다. 굳이 모든 내용을 파악하려 하기보다는 기본적으로 다양한 용례를 들어서 설명하고 있는 것이므로 참고할 수 있는 자료라고 생각하고 체계적으로 접근하기 바란다. 원래는 두 배 가까이 되는 내용이었는데 지면의 한계로 축약한 것도 하나의 이유일 것이다. 보다 관심이 있는 독자라면 몬하우프트 교수가 애초에 작성한 내용을 포함하여 단행본으로 출판한 것(Mohnhaupt/Grimm, *Verfassung. Zur Geschichte des Begriffs von der Antike bis zur Gegenwart*, 2.Aufl., Berlin 2002)을 참조할 수 있을 것이다.

독일어의 원문은 인용문을 제외하고는 기본적으로 현재형으로 서술되었지만 우리말로 번역하면서 과거형도 병용했다. 독일어의 Verfassung과 Konstitution, 그리고 영어와 프랑스어의 constitution 등의 단어는 몇몇 예외적인 경우를 제외하고는 근대적 의미의 입헌주의적 헌법이라는 개념이 명확해진 경우에만 '헌법'이라고 번역했다. 이는 Status 등 다른 경우에도 적용된다. 이것이 Verfassung의 개념사를 연구하는 기본 취지이기 때문이다. 애초에는 원문에 최대한 충실하려는 의도로 간단한 부연 설명이라도 옮긴이 주 표시를 했지만 심사자의 권유에 따라 본문으로 흡수하였다. 그 밖에 인명이나 사건 등에 대한 옮긴이 주는 달지 않았다. 검색 엔진에 쉽게 접근할 수 있는 오늘날의 상황에서 섣부른 옮긴이 주가 사족이 될 수도 있다는 생각 때문이다.

번역 과정의 마지막까지 옮긴이의 질문에 친절하게 답변해준 이 글의 저자들을 간략히 소개하려 한다.

하인츠 몬하우프트 교수는 1935년에 튀링겐주의 고타에서 출생하여 괴팅겐대학에서 법학을 전공한 후 1959년과 1965년에 제1차 및 제2차 국가시험에 합격하였다. 1962년 "16세기부터 19세기까지의 괴팅겐시 헌법"을 주제로 박사학위를 취득하였고 1966년부터 프랑크푸르트의 막스플랑크 유럽법제사연구소에서 연구원으로 근무하였다. 1979년에는 동연구소의 교수 자격을 취득하였다. 주된 연구 분야는 법원法源론, 헌정사, 비교법제사 등이며 2000년 정년퇴임 후에도 연구 활동에 정진하고 있다. 몬하우프트 교수는 또한 막스플랑크협회의 인문학위원회 위원으로 장기간 활동하였고, 1988년에는 막스플랑크 유럽법제사연구소장을 대리하기도 했다. 2011년 여름 막스플랑크 유럽법제사연구소에서 옮긴이가 "한국에서의 헌법 제정과 헌법 개정"을 주제로 강연할 때 반갑게 인사를 나누었던 기억이 지금도 생생하다.

디터 그림 교수는 1937년 카셀에서 출생하여 프랑크푸르트대학에서 법학을 전공한 후 1962년과 1967년에 제1차 및 제2차 국가시험에 합격하였다. 그는 1962/63년에는 프랑스 소르본느에서 유학하였고 1964/65년에는 미국 하버드대학에서 LL.M학위를 취득하였다. 이후 그림 교수는 막스플랑크 유럽법제사연구소에서 연구원으로 재직하면서 "법원리로서의 연대"를 주제로 박사학위를, "헌법과 민법"을 주제로 교수 자격을 취득하였다. 그림 교수는 1979년 빌레펠트대학에 교수로 취임하였고 1987년부터 1999년까지 독일 연방헌법재판소 재판관을 역임하였다. 2000년에는 베를린 훔볼트대학으로 옮기면서 베를린 한림원Wissenschaftskolleg zu Berlin 원장 및 평생연구원Permanent Fellow으로 취임하였다. 그림 교수는 교수 정년 이후 최근까지도 예일 로스쿨 등 영어권 대학에서 강의 하는 등 세계적으로 활발히 활동하고 있으며 그의 저작은 영어 등 다양한 외국어로 번역되어 출판되고 있다. 그림 교수는 필자의 독 일 지도교수이기도 한데, 서울대학교 법학전문대학원 여름계절학 기 강의, 헌법재판소 학술행사 발표 등을 위해 수차례 한국을 방문 한 바 있다.

이 번역 작업의 초역은 서울대학교 법과대학 대학원 학생들과 함 께 강독을 하는 과정에서 이루어졌다. 당시 함께 참여했던 양태건 박사, 윤기열 변호사, 조동은 교수, 김현정 박사, 이문주 헌재연구 관, 이기홍 판사, 배정훈 변호사, 그리고 미국 유학 중인 정일영 석 사 등 모든 이들의 학문적 성과를 기원한다. 김현정 박사는 초고를 정리하는 수고를 맡아주었다. 이를 기초로 작년 1월과 7월의 방학 기간을 이용하여 집중적으로 작업을 진행하였다. 가장 곤란한 점 은 독일어 고문을 해독하는 일이었다. 마침 지난해 1월에 오스트리 아 빈대학 법과대학에 체류하게 되어 법제사 전문가인 지몬Thomas Simon 교수의 도움을 받을 수 있었다. 그리스어와 라틴어 부분은 서울시립대학교 법학전문대학원의 정병호 교수가 맡았고, 프랑스 어 부분은 서울대학교 법학전문대학원의 조동은 교수가 확인해주 었다. 또한 원고 교정은 박사 과정의 김학진 조교가 수고해주었다.

그리고 최종 원고를 세밀하게 검토해준 두 분의 심사자께 감사드린다. 전문가적 식견에 기초한 조언은 학제간 협력의 모범이 될 만한 것이어서 퇴고 과정에서 커다란 도움이 되었다. 분량이 많지는 않지만 언어와 내용 모두 만만치 않은 일이었는데 여러 연구자들이 함께하여 마칠 수 있게 되었다. 깊이 감사드린다.

2020년 12월

송석윤

주석과 참고문헌에 사용된 독어 약어 설명

abgedr. (abgedruckt) = 인쇄된, 활자화된

Anm. (Anmerkung) = 주註

Art. (Artikel) = (사전 따위의) 항목, (법률의) 조條

Aufl. (Auflage) = (책의) 판(초판, 재판 등의)

Ausg. (Ausgabe) = (책의) 판(함부르크판, 프랑크푸르트판 등의)

Bd. (Band) = (책의) 권

Bde. (Bäde) = (책의) 권들

ders. (derselbe) = 같은 사람[저자](남자)

dies. (dieselbe) = 같은 사람[저자](여자)

Diss. (Dissertation) = 박사학위 논문

ebd. (ebenda) = 같은 곳, 같은 책

f. (folgende) = (표시된 쪽수의) 바로 다음 쪽

ff. (folgenden) = (표시된 쪽수의) 바로 다음 쪽들

hg. v. ……(herausgegeben von……) = ……에 의해 편찬된(간행자, 편자 표시)

Mschr. (Maschinenschrift) = (정식 출판본이 아닌) 타자본

Ndr. (Neudruck) = 신판新版, 재인쇄

o. (oben) = 위에서, 위의

o. J. (ohne Jahresangabe) = 연도 표시 없음

s. (siehe!) = 보라!, 참조!

s. v. (sub voce) = ……라는 표제하에

u. (unten) = 아래에서, 아래의

v. (von) = ……의, ……에 의하여

vgl. (vergleiche!) = 비교하라!, 참조!

z. B. (zum Beispiel) = 예컨대, 예를 들자면

zit. (zitiert) = (……에 따라) 재인용되었음

참고문헌

Willi Paul Adams, *Republikanische Verfassung und bürgerliche Freiheit. Die Verfassungen und politischen Ideen der amerikanischen Revolution* (Darmstadt 1973)

Ernst Wolfgang Böckenförde, "Geschichtliche Entwicklung und Bedeutungswandel der Verfassung", in: *Fschr. Rudolf Gmür,* hg. v. Arno Buschmann (Bielefeld 1983),

Hans Boldt, *Einführung in die Verfassungsgeschichte* (Düsseldorf 1984)

Otto Brunner, "Moderner Verfassungsbegriff und mittelalterliche Verfassungsgeschichte" in: *Herrschaft und Staat im Mittelalter,* hg. v. Hellmut Kämpf (Darmstadt 1956)

Gerhard Dilcher, "Zum Verhältnis von Verfassung und Verfassungstheorie im frühen Konstitutionalismus", in: *Beiträge zur Rechtsgeschichte. Gedächtnisschrift Hermann Conrad,* hg. v. Gerd Kleinheyer u. Paul Mikat (Paderborn 1979), 65

Pierre Duclos, *La notion de constitution dans l'oeuvre de l'assemblée constituante de 1789* (Paris 1932)

John Wiedhofft Gough, *Fundamental Law in English Constitutional History* (Oxford 1961)

Dieter Grimm, "Entstehungs–und Wirkungsbedingungen des modernen Konstitutionalismus", in: *Akten des 26. Dt. Rechtshistorikertages,* hg. v. Dieter Simon (Frankfurt 1987), 45

Hasso Hofmann, "Zur Idee des Staatsgrundgesetzes", in: ders., *Politik– Recht– Verfassung. Studien zur Geschichte der politischen Philosophie* (Frankfurt 1986), 261

Ernst Rudolf Huber, *Wesen und Inhalt der politischen Verfassung* (Hamburg 1935)

Ernst Rudolf Huber, "Vom Sinn verfassungsgeschichtlicher Forschung und Lehre", in: ders., *Bewahrung und Wandlung. Studien zur deutschen Staatstheorie und*

Verfassungsgeschichte (Berlin 1975)

Charles Howard McIlwain, "Some Illustrations of the Influence of Unchanged Names for Changing Institutions", in: *Interpretations of Modern Legal Philosophy. Essays in Honor of Roscoe Pound*, ed. Paul Lombard Sayre (New York 1947)

Ch. H. McIlwain, *Constitutionalism. Ancient and Modern* (1940), 3rd ed. (Ithaca 1966)

Werner Näf, "Der Durchbruch des Verfassungsgedankens im 18. Jahrhundert", in ders. (Hg.), *Schweizer Beiträge zur Allgemeinen Geschichte*, Bd. 11 (Bern 1953)

Robert Redslob, *Die Staatstheorien der französischen Nationalversammlung von 1789, ihre Grundlagen in der Staatslehre der Aufklärungszeit und in den englischen und amerikanischen Verfassungsgedanken* (Leipzig 1912)

Felix Renner, *Der Verfassungsbegriff im staatsrechtlichen Denken der Schweiz* (jur. Diss. Zürich 1968)

Mathias Roggentin, *Über den Begriff der Verfassung in Deutschland im 18. und 19. Jahrhundert* (jur. Diss. Hamburg 1978)

Herbert Schambeck, "Der Verfassungsbegriff und seine Entwicklung", in: *Fschr. Hans Kelsen*, hg. v. Adolf J. Merkl u. a. (Wien 1971)

Wolfgang Schmale, *Entchristianisierung, Revolution und Verfassung. Zur Mentalitätsgeschichte der Verfassung in Frankreich, 1715-1794* (Berlin 1988)

Eberhard Schmidt−Assmann, *Der Verfassungsbegriff in der deutschen Staatslehre der Aufklärung und des Historismus* (Berlin 1967)

Gerald Stourzh, "William Blackstone: Teacher of Revolution", *Jb. f. Amerikastudien* 15 (1970), 184

Gerald Stourzh, "Vom aristotelishcen zum liberalen Verfassungsbegriff", in: *Fürst, Bürger, Mensch*, hg. v. Friedrich Engel-Janosi, Greta Klingenstein, Heinrich Lutz (Wien 1975), 97

G. Stourzh, "Staatsformenlehre und Fundamentalgesetze in England und Nordamerika im 17. und 18. Jahrhundert", in: *Herrschaftsverträge, Wahlkapitulationen, Fundamentalgesetze*, hg. v. Rudolf Vierhaus (Göttingen 1977), 294

G. Stourzh, *Fundamental Laws and Individual Rights in the 18th Century Constitution* (Claremont/Cal. 1984)

Egon Zweig, *Die Lehre vom Pouvoir Constituant* (Tübingen 1909)

주석

Verfassung I

[1] →Organ, Bd. 4, 561ff.

[2] Wolfgang Mager, *Zur Entstehung des modernen Staatsbegriffs, Akad. d. Wiss. u. d. Lit. Mainz, Geistes-u. sozialwiss.* Kl. 9 (1968), 396; 또한 vgl. Werner Suerbaum, *Vom antiken zum frühmittelalterlichen Staatsbegriff. Über Verwendung und Bedeutung von res publica, regnum, imperium und status von Cicero bis Jordanis* (1961), 3. Aufl. (Münster 1977), 63; Susanne Hauser, *Untersuchungen zum semantischen Feld der Staatsbegriffe von der Zeit Dantes bis zu Machiavelli* (Zürich 1967), 35.→Stand, Klasse, Abschn. I.

[3] 이에 관해서는 vgl. Konrad Hesse, *Grundzüge des Verfassungsrechts der Bundesrepublik Deutschland* (1967), 8. Aufl. (Karlsruhe 1975), 3ff.

[4] Vgl. Ernst–Wolfgang Böckenförde, *Die deutsche verfassungsgeschichtliche Forschung im 19. Jahrhundert. Zeitgebundene Fragestellungen und Leitbilder* (Berlin 1961); Felix Renner, *Der Verfassungsbegriff im staatsrechtlichen Denken der Schweiz im 19. und 20. Jahrhundert. Ein Beitrag zur Dogmengeschichte* (Zürich 1968), 15ff.; Mathias Roggentin, *Über den Begriff der Verfassung in Deutschland im 18. und 19. Jahrhundert* (jur. Diss. Hamburg 1978), 2ff.

[5] 이미 Joseph Held, *System des Verfassungsrechts der monarchischen Staaten Deutschlands mit besonderer Rücksicht auf den Constitutionalismus*, Bd. 2 (Würzburg 1857), 50.

[6] Georg Jellinek, *Allgemeine Staatslehre* (1900), 3. Aufl. (Berlin 1914; Ndr. Darmstadt 1960), 505.

[7] 이것과 이하에 관해서는 Christian Meier, "Der Wandel der politisch–sozialen Begriffswelt im 5. Jahrhundert v. Chr.", in: *Historische Semantik*

und Begriffsgeschichte, hg. v. Reinhart Koselleck (Stuttgart 1978), 196ff.; 또한
vgl.→Demokratie, Bd. 1, Abschn. I.

[8] Meier, "Wandel", 199. →Organ, Bd. 4, 521.

[9] Ders., "Drei Bemerkungen zur Vor- und Frühgeschichte des Begriffs
Demokratie", in: *Discordia Concors, Fschr. Edgar Bonjour,* hg. v. Marc Sieber, Bd. 1,
(Basel, Stuttgart 1968), 4ff.

[10] Wilfried Nippel, *Mischverfassungstheorie und Verfassungsrealität in Antike und früher
Neuzeit* (Stuttgart 1980), 34.

[11] Aristoteles, *Pol.* 1289a 26~31; dt. v. Olof Gigon (1955), 2. Aufl. (Zürich 1973),
178; Jacqueline De Romilly, "Le classement des constitutions d'Hérodote à
Aristote", *Rev. des études grecques* 72 (1959), 81ff.

[12] Vgl. Meier, "Wandel", 210ff.; Heinrich Ryffel, ΜΕΤΑΒΟΛΗ ΠΟΛΙΤΕΙΩΝ.
*Der Wandel der Staatsverfassungen. Untersuchungen zu einem Problem der griechischen
Staatstheorie* (phil. Diss. Bern 1949), 3ff.; Horst Hubig, *Die aristotelische Lehre von der
Bewahrung der Verfassungen* (phil. Diss. Saarbrücken 1960), 15.

[13] Meier, "Wandel", 211.

[14] Ebd., 213.

[15] Aristoteles, *Pol.* 1289a 15~20 (dt. S. 177f.); 또한 vgl. ebd. 1275a 38~40 (dt. S.
136); 1278b 9~12: "헌법은 각종 국가 기관에 관한 국가의 질서이며 (ἔστι δέ π
ολιτεία πόλεως τάξις τῶν τε ἄλλων ἀρχων) 무엇보다도 그 중 가장 중요한
국가 기관에 관한 질서이다. 가장 중요한 국가 기관은 국가의 정부이며 이 정부
는 헌법을 대표한다." (dt. S. 145).

[16] 이처럼 지나치게 광범위한 해석을 하는 입장으로는, Karl Loewenstein,
Verfassungslehre (1959), 2. Aufl. (Tübingen 1969), 127f.

[17] 그리하여 Gigon, Übers. Aristoteles, *Politik,* 303.

[18] 이에 관해서는 Vgl. Horst Dreitzel, *Protestantischer Aristotelismus und absoluter*

Staat. Die *'Politeia"des Henning Arnisaeus* (Wiesbaden 1970), 342.

[19] Aristoteles, *Pol.* 1270b 21∼23 (dt. S. 92).

[20] Viktor Pöschl, *Römischer Staat und griechisches Staatsdenken bei Cicero. Untersuchungen zu Cicero Schrift 'De re publica"* (1936), 2. Aufl. (Darmstadt 1962), 108ff. 142ff.; Ernst Meyer, "Vom griechschen und römischen Staatsgedanken" (1947), in: *Das Staatsdenken der Römer*, hg. v. Richard Klein (Darmstadt 1966), 65∼86, bes. 79ff.

[21] Chr. Meier, *Res publica amissa. Eine Studie zu Verfassung und Geschichte der späten römischen Republik* (1966), 2. Aufl. (Frankfurt 1980), 54.

[22] Vgl. ebd., 119.

[23] Cicero, *De Rep.* 2,1.

[24] Ders., *De leg.* 3,12.

[25] Gaius, *Institutionum commentarii quattuor* 1, § 1. Ed. Wilhelm Studemund (Leipzig 1874), 1.

[26] Cicero, *De rep.* 1,45; 유사한 것으로는 ebd. 2,21. Charles Howard McIlwain, *Constitutionalism, Ancient and Modern* (1940), 3rd ed. (Ithaca 1966), 25f.

[27] Vgl. Nippel, *Mischverfassungstheorie* (s. Anm. 10), 11, Anm. 6.

[28] Dig. 1,4,1.—이러한 의미에서의 로마의 개념 사용에 관해서는 또한 vgl. *Handlexikon zu den Quellen des römischen Rechts* (1843/48), hg. v. Hermann Gottlieb Heumann u. Emil Seckel, 10. Aufl. (Graz 1958), 99, Art. Constitutio.

[29] Barnabas Brisson, *De verborum quae ad ius civile pertinent significatione opus praestatissimum in meliorem commodioremque ordinem redactum*······ (Halle, Magdeburg 1743), 253.

[30] *Dig.* 50,16,203; vgl. Abschn. III.2.

[31] Cicero, *In Verrem*, 1, 7, § 18; vgl. Suerbaum, *Staatsbegriff* (s. Anm. 2), 3. Aufl., 11f., Anm. 35.

[32] Cicero, *De rep.* 1,26; 1,44; 1,28; 1,45; 1,34; 1,20. 이에 관해서는 Hans

Drexler, "Res Publica", *Maia*, NS 9 (1957), 266와 관련하여 Suerbaum, *Staatsbegriff*, 3. Aufl., 17f., Anm. 50.

[33] Vgl. Pöschl, *Römischer Staat* (s. Anm. 20), 2. Aufl., 110ff.; Friedrich Solmsen, "Die Theorie der Staatsformen bei Cicero" (1933), in: Klein (Hg.), *Staatsdenken der Römer* (s. Anm. 20), 315~331, bes. 320ff.

[34] Cicero, *De rep.* 1,46; ders., *De leg.* 3,13.

[35] Thomas von Aquin, *Summa theologica* 2, qu. 105, art. 1. *Opera omnia*, ed. Roberto Busa, t. 2 (Stuttgart–Bad Cannstatt 1980), 503.

[36] Ders. *In octo libros politicorum Aristotelis expositio* 3, 6, § 392 (1270/72), ed. Raimundus M. Spiazzi (Turin, Rom 1966), 139.

[37] Ebd. § § 393 ff. (p. 139).

[38] Ebd., 3,5, § 385 (p 136).

[39] Jean De Terre–Rouge, *Contra rebelles suorum regum* (ca. 1418; Lyon 1526), zit. André Lemaire, *Les lois fondamentales de la monarchie française d'après les théoriciens de l'ancien régime* (Paris 1907), 54.

[40] Ebd., 58, Anm. 3.

[41] Gregor von Toulouse, *De republica* 1, 1, 13 (1578; Frankfurt 1609), 4.

[42] Ebd. 1, 1, 16 (p. 5).

[43] Vgl. Anm. 28.

[44] Ranulphus de Glanvilla, *De legibus et consuetudinibus regni Angliae* 2, 7, (um 1180), ed. George Edward Woodbine (New Haven/Conn. 1932), 62f.

[45] 제국 입법에서 'constitution'의 용례에 관해서는 vgl. Adalbert Erler, Art. Konstitution, constitutio, *Hwb. z. dt. Rechtsgesch.*, Bd. 2 (1978), 1119 ff.

[46] Philippe de Beaumanoir, *Coutumes de Beauvaisis* 32 (13. Jhr.), éd. Amédée Salmon, t. 1 (Paris 1899; Ndr. 1970), 486, Nr. 958.

[47] Cicero, *De rep.* 1,26 (p. 16ff.).

48 Ebd., 10.

49 Marsilius von Padua, *Defensor pacis* 1,9, § 4 (1324), hg. v. Walter Kunzmann u. Horst Kusch (Darmstadt 1958), 80.

50 [Stephanus Iunius Brutus Celta?/Philippe du Plessis Mornay?/Hubert Languet?], *Vindiciae contra tyrannos: sive de principis in populum, populique in principem legitima potestate*, qu. 3 (Edinburg 1579), 76f.; 또한 유사한 것으로 Hobbes, *De cive* 5,12 (1642), *Opera*, t. 2 (1839; Ndr. 1961), 215; "et dici potest civitatis origo naturalis; posterior a consilio et constitutione coeuntium, quae origo ex instituto est."

51 [1346년 12월 21일, 팔켄슈타인, 하나우, 엡슈타인의 영주들을 한편으로 하고, 제국 도시인 프랑크푸르트, 프리드베르크, 겔른하우젠을 다른 한편으로 하는 이들은, 시외 거주 시민 문제로 인하여 협정을 체결하였다], abgedr. *Codex Diplomaticus Moenofrancofurtanus. Urkundenbuch der Reichsstadt Frankfurt*, hg. v. Johann Friedrich Böhmer, Tl. 1 (Frankfurt 1836), 607f.

52 "Schiedsrichterlicher Vergleich zwischen Landgraf Henrich dem Eisernen und dessen Bruder Landgraf Hermann" (1349), zit. Johann Philipp Kuchenbecker, *Gegründete Abhandlung von denen Erb-Hof-Aemtern der Landgrafschaft Hessen* ⋯⋯ (Marburg 1744), 105.

53 Wilhelm Ernst Tentzel, "Supplementum reliqua historiae Gothanae ⋯⋯" (Jena 1716), in: ders., *Supplementum historiae Gothanae secundum de vario arcis urbisque statu ab origine usque ad nostra tempora* ⋯⋯ 2, 24 (Jena 1702), 693.

54 "Nürnberger Reformation" (1479), abgedr. *Quellen zur Neueren Privatrechtsgeschichte Deutschlands*, Bd.1/1, hg. v. Wolfgang Kunkel: *Ältere Stadtrechtsreformationen* (Weimar 1936), 3.

55 "Kerckenordinge thom Stralsund upgericht" (1525), abgedr. Aemilius Ludwig Richter, *Die evangelischen Kirchenordnungen des sechszehnten Jahrhunderts*, Bd. 1 (Weimar 1846; Ndr. Nieuwkoop 1967), 23, Nr. XI.

[56] → Organ, Bd. 4, 526ff.

[57] Platon, *Pol.* 564b-c. →Organ, Bd. 4, 522.

[58] Vgl. Anm. 9.

[59] Polybios 6,51,4, zit. Ryffel, ΜΕΤΑΒΟΛΗΠΟΛΙΤΕΙΩΝ (s. Anm. 12), 210.

[60] Alexander Demandt, *Metaphern für Geschichte. Sprachbilder und Gleichnisse im historisch-politischen Denken* (München 1978), 23.

[61] Cicero, *De off.* 3,33(p. 117).

[62] Vgl. Anm. 26.

[63] Johannes von Salisbury, *Policraticus* 5,2 (1159), ed. Clemens C. J. Webb, vol. 1 (Oxford, London 1909; Ndr. Frankfurt 1965), 282; ebd. 5,1 (p. 281)

[64] 이에 관해서는 Vgl. Tilman Strauve, "Bedeutung und Funktion des Organismusvergleichs in den mittelalterlichen Theorien von Staat und Gesellschaft", in : *Soziale Ordnungen im Selbstverständnis des Mittelalters, hg. v. Albert Zimmermann*, Bd. 1/1 (Berlin 1979), 160f.

[65] Claudius Galenus, *De optima nostri corporis constitutione, Opera omnia*, ed. Carl Gottlob Kühn, t. 4 (Leipzig 1833, Ndr. Hildesheim 1964), 737ff.; 퀸Kühn이 확인한 최초로 인쇄된 라틴어판은 1578년의 것이다(Autun).

[66] Ders., *De constitutione artis medicae ad Patrophilum liber, Opera omnia*, t. 1 (1821; Ndr. 1965), 224ff.; 퀸이 확인한 최초로 인쇄된 라틴어판은 1531년의 것이다 (Basel).

[67] Franciscus Valleriola, *Kommentar zu: Galenus, De constitutione artis medicae*(o. O. 1577), 1f., Prolegomena.

[68] Ebd., 5f.

[69] Johannes Riolan, *Ambiani medici Parisiensis, viri clarissimi opera cum physica, tum medica*······ (Frankfurt 1611), 443.

[70] Christian Gottfried Hoffmann, *Entwurff einer Einleitung zu dem Erkäntniß des*

gegenwärtigen Zustandes von Europa······ (Leipzig 1720), 7, § 4.

[71] Vgl. Bernd Wimmer, Vorbemerkungen des Übersetzers zu: Jean Bodin, *Sechs Bücher über den Staat* 1~3. Hg. v. Peter Cornelius Mayer–Tasch(München 1981), 60ff.

[72] Bodin, *Les six livres de la république* 1,8 (1576; Ausg. 1583; Ndr. Aalen 1961), 137.

[73] Ders. (lat. Fassung), *De republica libri sex* 1,8 (1586; Ausg. Frankfurt 1609), 139.

[74] Ders. (dt. Fassung), Übers. v. Johann Oswaldt, *Respublica. Das ist: Gründtliche und rechte Underweysung, oder eigentlicher Bericht,* ······(Mömpelgard 1592), 45; (Ndr. Frankfurt 1611 u. d. T.: *Von gemeinem Regiment der Welt. Ein politische, gründtliche und rechte Underweisung, auch Herrlicher Bericht*······[Forts. d. Titels wie in Ausg. 1592]), 95.

[75] Innocent Gentillet, *Briève remonstrance à la noblesse de France sur le faict de la déclaration de Monsieur le Duc d'Alencon* (Aygenstain 1576), 14; 또한 vgl. Lemaire, *Lois fondamentales* (s. Anm. 39), 105ff.

[76] 두 개념 영역의 분석에 관해서는 vgl. Helmut Quaritsch, *Staat und Souveränität,* Bd. 1 (Frankfurt 1970), 363ff.

[77] 정치적–역사적 발생 맥락에 관해서는 vgl. Klaus P. Swoboda, *Die Bedeutung der "lois fondementales" im Zeitalter der Religionskriege in Frakreich* (phil. Diss. Wien 1979, Mschr.), 116ff.; 더 나아가 도그마틱한 분류에 관해서는 Lemaire, *Lois fondamentales,* 102ff.

[78] Claude de Seyssel, *La grande monarchie de France* (o. O. 1541), 12ff.

[79] Richelet t.1 (1680; Ndr. 1973), 172, s. v. constitution.

[80] Ebd., 2e éd., t.1 (1693), 253, s. v. constitution.

[81] Furetière t. 1 (Ausg. 1727), s. v. constitution.

[82] Claude–Joseph de Ferriere, *Dictionnaire de droit et de pratique,* nouvelle éd., t. 1 (Paris 1755), 538, s. v. constitutions générales.

[83] *Encyclopédie méthodique. Jurisprudence, dédiée et présentée à Hue de Miromesnil,* t. 3

(Paris, Lüttich 1783), 261, Art. constitution.

[84] *Encyclopédie*, nouvelle éd., t.9 (1777), 150, Art. constitution.

[85] Ebd..163.

[86] Jacques–Bénigne Bossuet, *Politique tireé des propres paroles de l'écriture sainte* 2,1,11 (1709), éd. Jacques le Brun (Genf 1967), 59.

[87] Vgl. Élie Carcassonne, *Montesquieu et le problème de la constitution française au XVIIIe siècle* (Paris 1927; Ndr. Genf 1970), 65ff.; Richard Schmidt, "Vorgeschichte der geschriebenen Verfassungen", in: *Zwei öffentlich-rechtliche Abhandlungen als Festgabe für Otto Mayer*, hg. v. Richard Schmidt u. Erwin Jacobi (Leipzig 1916), 91.

[88] Montesquieu, *De l'esprit des lois* 24, 16 (1748), *Oeuvres compl.*, t. 2 (1951; 1976), 726.

[89] Ebd. 31, 2 (p. 942f.).

[90] Ebd. 20, 4 (p. 587).

[91] Ebd. 1, 3 (p. 238).

[92] Ebd., 227. 이에 관해서는 Schmidt, "Vorgeschichte", 91, Anm. 3에서 Edouard Laboulaye와 관련하여 다시 지적하였다.

[93] Montesquieu, *Esprit des lois* 11, 5 (p.396).

[94] Ebd., 11, 6 (p.405).

[95] Ebd. 2, 2: "C'est encore une loi fondamentale de la démocratie, que le peuple seul fasse des lois" (p.244).

[96] "die Préambule sur l'assemblée des notables, 29. 1. 1787", zit. Carcassonne, *Montesquieu*, 543.

[97] Roger Acherley, *The Britannic Constitution: or, the Fundamental Form of Government in Britain* (1727), 8th ed. (London 1966); vgl. Gerald Stourzh, "Staatsformenlehre und Fundamentalgesetze in England und Nordamerika im 17. und 18. Jahrhundert. Zur Genese des modernen Verfassungsbegriffs" (1975), in:

Herrschaftsverträge, Wahlkapitulationen, Fundamentalgesetze, hg. v. Rudolf Vierhaus (Göttingen 1977), 304.

98 →Organ, Bd. 4, 555. 548.

99 [작자 미상], *Touching the Fundamental Laws, or Politique Constitution of this Kingdom* (1643), zit. John Wiedhofft Gough, *Fundamental Law in English Constitutional History* (1955), 2nd ed. (Oxford 1961), 100.

100 "A Political Catechism, or Certain Questions Concerning the Government of this Land, Answered in his Majesties [d. i. CHARLES I.] Own Words, Taken out of his Answer to the 19 Propositions" (1643), abgedr. Corinne Comstock Weston, *English Constitutional Theory and the House of Lords 1556-1832* (London 1965), 270. 272.

101 이러한 예와 그 밖의 예는 Stourzh, "Staatsformenlehre", 311.

102 McIlwain, *Constitutionalism* (s. Anm. 26), 3rd ed., 10.

103 William Blackstone, *Commentaries on the Laws of England* 1,3 (1765), 10th ed., vol. 1 (London 1787), 211; vgl. u. Anm. 206.

104 Maaler (1561), 418, s. v. Verfassen.

105 Stieler (1691), 437, s. v. Faß, faßen, gefaßet, Verfaßung.

106 Ebd.

107 Thomas Hayme, *Allgemeines Teutsches Juristisches Lexicon, Worinnen alle in Teutschland übliche Rechte······ abgehandelt werden* (Leipzig 1738), 1245, s. v. Verfassen, Verfassung; Adam Friedrich Kirsch, *Abundantissimum cornucopiae linguae latinae et germanicae selectum* (Straßburg 1739), 333.

108 Leibniz, *Entwurf gewisser Staats-Tafeln* (1685), *Polit. Schr.*, hg. v. Hans Heinz Holz, Bd. 1 (Frankfurt, Wien 1966), 80.

109 Ebd., 81.

110 Ebd., 85.

[111] Heinr. Otto Meisner, *Verfassung, Verwaltung, Regierung in neuerer Zeit, Sitzungsber. dt. Akad. d. Wiss. Berlin, Phil.-hist. Kl.* (1962), Nr. 1, 7f.; Stourzh, "Staatsformenlehre", 319.

[112] "Gesellschafft und ······Veraynigung in Schwaben" (1488), abgedr. Johann Philipp Datt, *Volumen rerum germanicarum novum* ······8 (Ulm 1698), 281; "Dreyjährige Aynung deß Bundts···"(1496), ebd. 14 (p. 325); "Ailffjährige Ainung deß Bundts······"(1522), ebd. 23 (p. 405); "Ordnung der Zwölff Jährigen Ainung deß löblichen Bundts······"(1500), ebd. 18 (p.349); "Ordnung der zehenjährigen Eynung···deß löblichen Bundts······"(1512), ebd. 21 (p. 382). → Bund, Bd. 1, 593.

[113] "Gemain Abschid zu Eßlingen······"(1500), ebd. 19 (p. 366); "Ordnung der zwölff Jährigen Ainung", ebd., 349.

[114] Ebd. 19,30 (p. 372).

[115] "Verfassungsverhandlungen mit den sächsischen Städten und den Seestädten des Bundes, Braunschweig 19. 6. 1532", abgedr. *Die Schmalkaldischen Bundesabschiede*, hg. v. Ekkehart Fabian, Tl. 1: 1530~1532 (Tübingen 1958), 67.

[116] Ebd., 66f.

[117] "Entwurf einer Bundesverfassung, Nordhausen 6./9. 12. 1531", ebd., 39.

[118] "Frankfurter Abschied, 10. 5. 1536", ebd., Tl. 2: 1533~1536 (1958), 87.

[119] "Verfassungsverhandlungen Braunschweig, 16. 11. 1532", ebd., Tl. 1, 81.

[120] Heinz Mohnhaupt, "Die verfassungsrechtliche Einordnung der Reichskreise in die Reichsorganisation", in: *Der Kurfürst von Mainz und die Kreisassoziation 1648-1746*, hg. v. Karl Otmar Frh. v. Aretin (Wiesbaden 1975), 16.

[121] "Receß des Ober–Sächsischen, allgemeinen Crays–Convents, 28. 11. 1654", abgedr. Friedrich Carl v. Moser, *Des Hochlöblichen Ober-Sächsischen Crayses Abschide* (Jena 1752), 335.

[122] Ebd., 342, § § 14f.

[123] "Kaiserliche Proposition vom Juli 1570", zit. Helmut Neuhaus, *Reichsständische Repräsentationsformen im 16. Jahrhundert. Reichstag -Reichskreistag -Reichsdeputationstag* (Berlin 1982), 434.

[124] Vgl. H. Mohnhaupt, "Die Lehre von der "Lex Fundamentalis" und die Hausgesetzgebung europäischer Dynastien", in: *Der dynastische Fürstenstaat. Zur Bedeutung von Sukzessionsordnungen für die Entstehung des frühmodernen Staates*, hg. v. Johannes Kunisch (Berlin 1982), 28.

[125] Walch (Ausg. 1733), 2428f., Art. Staat.

[126] "Der Geraische Hausvertrag, 11. 6. 1603", abgedr. Hermann Schulze, *Die Hausgesetze der regierenden deutschen Fürstenhäuser*, Bd. 3 (Jena 1883), 709.

[127] "Erbeinigung zwischen denen gesambten Fürsten zu Anhalt ······1635", ebd., Bd. 1 (1862), 36.

[128] '근본법'의 개념에 관해서는 vgl. Abschn. VIII.

[129] "Sanctio pragmatica oder der mit kaiserlicher Genehmigung geschlossene, in beiden Linien wiederholt bestätigte Erb- und Familienvertrag······7. 9. 1713", abgedr. Schulze, *Hausgesetze*, Bd. 3, 349.

[130] Ebd., 340.

[131] Friedrich Wilhelm I., "Edikt von der Inalienabilität deren alten und neuen Domänengüter, 13. 8. 1713", ebd., 738.

[132] Vgl. Abschn. V. 1.

[133] Friedrich Pruckmann, *Consiliorum, sive responsorum iuris*, ······(1591/92), zit. Gerhard Oestreich, "Vom Herrschaftsvertrag zur Verfassungsurkunde. Die "Regierungsformen" des 17. Jahrhunderts als konstitutionelle Instrumente", in: Vierhaus, *Herrschaftsverträge* (s. Anm. 97), 61. →Gesetz, Bd. 2, 887f.

[134] Conrad Christ. Wucherer, *De legibus fundamentalibus in genere et singulatim in*

imperio romano germanico······(Gießen 1709), 4.

[135] Gottfried Antonius, *Disputatio apologetica de potestate imperatoris legibus soluta et hodierno imperii statu*······(Gießen 1608), Nr. 17. 또한 근본법의 계약적 성격에 관해서는 vgl. Christopf Link, *Herrschaftsordnung und bürgerliche Freiheit. Grenzen der Staatsgewalt in der älteren deutschen Staatslehre* (Wien, Köln, Graz 1979), 89ff. 181ff. →Macht, Gewalt, Bd. 3, 830ff.; Monarchie, Bd. 4, 140; →Gesetz, Bd. 2, 865ff.

[136] 그 예증으로는 H. Mohnhaupt, "Potestas legislatoria und Gesetzesbegriff im Ancien Régime", *Ius commune* 4 (1972), 208ff.

[137] 예컨대 vgl. Johann George Gritsch, *Der Auserlesenen Sammlung des Heil. Römisches Reichs Grund-Gesetze, Friedens-Schlüße, und Satzungen*, Tl. 1 (Regensburg 1737), Vorrede.

[138] "Allerunterhänigste Specification derer fundamentalen und hauptsächlichsten Landessatzungen des cedirten Herzogthums Vorpommern, 19. 1. 1720", abgedr. *Acta Borussica, t. 3: Die Behördenorganisation und die allgemeine Staatsverwaltung Preußens im 18. Jahthundert* (Berlin 1901), 236.

[139] 예컨대 vgl. Friedrich Tilemann, *Disputatio de statu imperii Romani* (Wittenberg 1598); Antonius, *Disputatio apologetica*; Henning Arnisaeus, *De repulica seu relectionis politicae libri duo* 2, 6,5: De statu imperii Germanorum hodierno (1615; Ausg. Augsburg 1636), 882ff.

[140] "Disputatio prima···, respondente Daniele Pattersonio Dantiscano", Thesi LXIII, in: *Contraria non ontraria, id est conciliationes omnium antinomiarum, quae in institutionibus imperialibus occurrent. Una cum quibusdam parergis, t. 1: De statu imperii*······ Authore Georgio Martino Bartensteinense (Marburg 1608).

[141] Vgl. Peter Preu, *Polizeibegriff und Staatszwecklehre. Die Entwicklung des Polizeibegriffs durch die Rechts-und Staatswissenschaften des 18. Jahrhunderts* (Göttingen

1983), 26ff.

142 Severinus de Monzambano [d. i. Samuel Pufendorf], *De statu imperii Germanici* (1667), hg. v. Fritz Salomon (Weimar 1910), 15.

143 Gottlieb Stolle, *Anleitung zur Historie der Juristischen Gelahrtheit* 3,14 (Jena 1745), 163. 여기서는 푸펜도르프Pufendorf의 저작을 가리켜 "확실한 점은, 독일제국의 상태를 그토록 틀림없이 생동감 있게 서술한 것을 본 적이 없다는 사실이다"라고 기술했다.

144 Christian Wolff, *Grundsätze der Natur- und Völckerrechts, worinn alle Verbindlichkeiten und alle Rechte aus der Natur des Menschen······ hergeleitet werden* (Halle 1754; Ndr. Hildesheim, New York 1980), 711, § 994.

145 Hippolithus a Lapide [d. i. Bogislaw Philipp v. Chemnitz], *Dissertatio de ratione status in imperio nostro Romano-Germanico* (Stettin 1640).

146 Pufendorf, *De statu imperii Germanici*; franz. Übers.: *L'estat de l'empire d'Allemagne* (Amsterdam 1669); *Etat de l'empire ensemble la capitulation et la pragmatique de l'empereur Charles VI.* (Straßburg 1728); engl. Übers.: *The present state of Germany* (London 1696).

147 Hoffmann, *Entwurff einer Einleitung* (s. Anm. 70), 6, § 3.

148 Ebd., 7f., § 4.

149 Ebd., 8.

150 Joh. Jakob Moser, *Compendium juris publici moderni regni Germanici. Oder Grund-Riß der heutigen Staats-Verfassung des Teutschen Reichs* 1, 1, neueste Aufl. (Frankfurt, Leipzig 1738), 1ff.; ebd., Zweyter Anhang, § 33 (S. 761f.).

151 Ders., *Anfangs-Gründe der Wissenschafft von der heutigen Staats-Verfassung von Europa,* 1, 1, § 1 (Tübingen 1732), 2.

152 Joh. August Eberhard, *Abhandlung von dem Begriffe der Bearbeitung der Deutschen Staatsklugheit* (Wittenberg, Zerbst 1768), 61.

[153] Ebd., 38.

[154] Vgl. Gottfried Achenwall, *Staatsverfassung der heutigen vornehmsten Europäischen Reiche und Völker im Grundrisse* (1749), 7. Aufl., Tl. 1 (Göttingen 1790), 3ff.

[155] Ders., *Vorbereitung zur Staats-Wissenschaft der heutigen vornehmsten Europäischen Reiche und Staaten* (Göttingen 1748), 7. →Soziologie, Bd. 5, 999f.

[156] Hegel, *Die Verfassung Deutschlands* (1802), *Werke*, hg. v. Eva Moldenhauer u. Karl Markus Michel, Bd. 1 (Frankfurt 1971), 461; vgl. ebd., 472, 또한 Abschn. XIX.6.

[157] Vgl. Abschn. VII. 3.

[158] Vgl. Oestreich, "Herschaftsvertag" (s. Anm. 133), 50ff.

[159] "Die Königlich–Schwedisch–Pommersche Regierungs–Form" (1663), abgedr. *Sammlung gemeiner und besonderer Pommerscher und Rügischer Landes-Urkunden, Gesetze, Privilegien, Verträge, Constitutionen und Ordnungen*, hg. v. Johann Carl Dähnert, Bd. 1 (Stralsund 1765), 359ff.; "Die Fürstliche Pommersche Regiments–Verfassung" (1634), ebd., 337f. → Regierung, Bd. 5, 384ff.

[160] "Instrumentum. Die neue Regierungsverfaßung undt confirmation, deß Landes Privilegien betreffend, 14. 11. 1661", teilweise abgedr. Wilhelm Altmann, *Ausgewählte Urkunden zur Brandenburgisch-Preußischen Verfassungs- und Verwaltungsgeschichte*, Tl. 1 (Berlin 1897), 61f., Nr. 6f. 9; vgl. Oestreich, "Herrschaftsvertrag", 58.

[161] Zedler Bd. 39 (1744; Ndr. 1982), 639, Art. Staat, Stand.

[162] Vgl. Gerd Kleinheyer, *Die kaiserlichen Wahlkapitulationen* (Karlsruhe 1968), 125ff.

[163] Zit. Johann Schack, *Disputatio Carolina sistens argumenta quaedam juris publici, de capitulatione imp. Rom. Germ. ex suffragiis omnium imperii ordinum concipienda; et de ejus perpetua forma*, defendet P. Haselberg (Greifswald o. J. [1702]), Argumentum 8.

[164] J. J. Moser, *Teutsches Staats-Recht*, 1, 3, § § 1.4. Tl. 1 (Nürnberg 1764; Ndr.

Osnabrück 1968), 30f.

[165] Ders., *Von der Landeshoheit derer Teutschen Reichsstände überhaupt* 13, § 6. *Neues teutsches Staatsrecht*, Bd. 14 (Frankfurt, Leipzig 1773; Ndr. Osnabrück 1968), 258.

[166] Ders., *Lebens-Geschichte⋯⋯, von ihme selbst beschrieben* (1768), 3. Aufl., Tl. 3 (Frankfurt, Leipzig 1777), 80; vgl. Reinhard Rürup, *Johann Jacob Moser. Pietismus und Reform* (Wiesbaden 1965), 119.

[167] Joh. Stephan Pütter, *Vorbereitung zur Kenntnis der vornehmsten deutschen Staaten* (Göttingen 1750), 14.

[168] Ebd., 20.

[169] Joh. August Schlettwein, *Die Rechte der Menschheit oder der einzige wahre Grund aller Gesetze, Ordnungen und Verfassungen* (Gießen 1784), 364.

[170] Frisch, *Dt. lat. Wb.* (1741), 250, s. v. Fassen.

[171] Adelung Bd. 4 (1780), 1416, s. v. Verfassung.

[172] Zedler Bd. 43 (1745; Ndr. 1962), 202, Art. Teutsche Staats-Verfassung.

[173] Vgl. Abschn. VII.

[174] Jacob Carl Spener, *Teutsches Jus Publicum oder des Heiligen Römisch-Teutschen Reichs vollständige Staats-Rechts-Lehre*, Bd. 1 (1723), zit. Paul-Ludwig Weinacht, *Staat. Studien zur Bedeutungsgeschichte des Wortes von den Anfängen bis ins 19. Jahrhundert* (Berlin 1968), 108.

[175] Emer de Vattel, *Le droit des gens ou principes de la loi naturelle* 1, 3, § 27 (1758), éd. M. P. Pradier-Fodéré, t. 1 (Paris 1863), 153. –⟩ Organ, Bd. 4, 563ff.

[176] Ebd. 1, 3, § 29 (p. 157).

[177] Ebd. 1, 3, § 31 (p. 164).

[178] Ebd. 1, 3, § 33 (p. 165).

[179] Ebd. 1, 3, § 29 (p. 158).

[180] J. J. Moser, *Von der Landeshoheit im Weltlichen⋯, Neues teutsches Staatsrecht*, Bd.

16/1 (1772; Ndr. 1967), 307.

[181] Johann Friedrich Reitemeir, *Ueber die Redaction eines Deutschen Gesestzbuchs*······ (Frankfurt/Oder 1800), 5.

[182] Leonard Meister, *Abriß des Eydgenößischen Staatsrechtes*······ (St. Gallen 1786), 50.

[183] Justus Claproth, *Ohnmasgeblicher Entwurf eines Gesetzbuches*······ (Frankfurt 1773), Vorrede.

[184] Friedrich II., "Verordnung v. 31. 12. 1746" (Auftrag an den Großkanzler Frh. v. Cocceji), abgedr. *Beyträge zu der juristischen Litteratur in den Preußischen Staaten*, 3. Slg. (Berlin 1779), 174, Anm. 10.

[185] Friedrich Wilhelm II., "Cabinets—Ordre die Justitz—Einrichtung······betreffend, 28. 8. 1786", abgedr. *Novum Corpus Constitutionum Prussico-Brandenburgensium* ······, t. 8 (Berlin 1791), 146f., Nr. 52.

[186] Actenmäßiger Bericht (o. O. 1748), IV. XXV. XLIII.

[187] Vgl. Peter Anton Frank, "Unterthänigstes Gutachten in betreff einer neuen und verbesserten Einrichtung der gegenwärtigen Universitätsverfassung; insbesondere der juristischen Facultät auf hiesiger hohen Schule" (1782), abgedr. Eckhart Pick, *Aufklärung und Erneuerung des juristischen Studiums. Verfassung, Studium und Reform in Dokumenten am Beispiel der Mainzer Fakultät gegen Ende des Ancien régime* (Berlin 1983), 118.

[188] Vgl. Abschn. XIV.

[189] Carl Gottlieb Svarez, "Über den Einfluß der Gesetzgebung in die Aufklärung" (1790), in : ders., *Vorträge über Recht und Staat* (1788/92), hg. v. Hermann Conrad u. Gerd Kleinheyer (Köln, Opladen 1960), 635.

[190] Joseph v. Sonnenfels, "Allerunterertänigstes Promemoria über die Wiederherstellung der politischen Kommission" (1790), zit. Sigmund Adler, "Die politische Gesetzgebung in ihren geschichtlichen Beziehungen zum allgemeinen

bürgerlichen Gesetzbuche", in: *Fschr. zur Jahrhundertfeier des Allgemeinen Bürgerlichen Gesetzbuches*, Bd. 1 (Wien 1911), 100, Anm. 30.

[191] '시민적 헌법'의 개념에 관해서는 예를 들어 vgl. Eobald Toze, *Einleitung zur allgemeinen und besondern europäischen Staatskunde*, Bd. 1 (Bützow, Wismar 1779), 12: "어떤 국민들은 정리된 국가 헌법을 갖는다…… 어떤 국민들은 일종의 통치 형태 안에서…… 살아가는 국민들도 있다…… 또한 시민적 헌법이 전혀 없고, 뿌리와 줄기로 연명하며…… 이성이 없는 동물과 마찬가지로 단순히 자기 보존 과 번식이라는 자연 본능에 순응하는 것처럼 보이는 국민들도 있다."

[192] Claproth, *Entwurf* (s. Anm. 183), Vorrede.

[193] "Zweite Hauptschrift der böhmischen Herrn–Stände vom Jahr 1791", abgedr. *Historische Aktenstücke über das Ständewesen in Oesterreich*, Bd. 2 (Leipzig 1848), 93. 이에 관해서는 Anna M. Drabek, "Die Desiderien der Böhmischen Stände von 1791", in: *Die böhmischen Länder zwischen Ost und West, Fschr. Kalr Bosl*, hg. v. Ferdinand Seibt (München, Wien 1963), 136f.

[194] 또한 Drabek, "Desiderien", 137.

Verfassung II

* 필자는, 이 글에서 단지 부분적으로만 반영된 엄청난 분량의 자료들을 검토 하고 선별한 필자의 조교들인 Gertrude Lübbe–Wolff 박사, Alfons Hueber 박 사, Ralf Henssen 판사, Eckhard Krämer 사법시보에게 감사한다. → Vertrag, Gesellschaftsvertrag, Herrschaftsvertrag.

[195] 이 사전의 "Vertrag, Gesellschaftsvertrag, Herrschaftsvertrag" 항목을 참조할 것.

[196] Schlettwein, *Rechte der Menschheit* (s. Anm. 169), 364

[197] Joh. Heinr. Gottlob v. Justi, *Natur und Wesen der Staaten als die Quelle aller Regierungswissenschaften und Gesezze* (Ausg. Mitau 1771 ; Ndr. Aalen 1969), 91.

[198] Ebd., 99f.

[199] 여기에서는 무엇보다도 뒤의 참고문헌 목록에 제시된 Gerald Stourzh의 작업에 근거하였다.

[200] James Whitelocke, zit. Joseph Robson Tanner, *Constitutional Documents of the Reign of James I*. (Cambridge 1930; Ndr. 1961), 260; vgl. McIlwain, *Constitutionalism* (s. Anm. 26), 3rd ed., 25.

[201] [Charles I.], "Answer to the 19 Propositions of Both Houses of Parliament" (London 1642), abgedr. Weston, *English Constitutional Theory* (s. Anm. 100), 263f.

[202] Zit Gough, *Fundamental Law* (s. Anm. 99), 2nd ed., 99.

[203] "The Sentence of the High Court of Justice upon the King, 27. 1. 1649", abgedr. *The Constitutional Documents of the Puritan Revolution 1628-1660* (1889), ed. Samuel Rawson Gardiner, 3rd ed. (Oxford 1906; Ndr. 1968), 372.

[204] "Instrument of Government, 16. 12. 1653", ebd., 405.

[205] John Locke, "The Fundamental Constitutions of Carolina, 1. 3. 1669", *Works*, vol. 10 (1823; Ndr. 1963), 198.

[206] Blackstone, *Commentaries* 1, 3 (s. Anm. 103) 10th ed., vol. 1, 211.

[207] Ebd. 1,7 (p.237. 244f.).

[208] "Massachusetts Circular Letter to the Colonial Legislatures, 11. 2. 1768", abgedr. *American Colonial Documents to 1776*, ed. Merill Jensen (London 1955), 715

[209] Thomas Paine, *The Rights of Man* (1791), *Writings*, ed. Moncure Daniel Conway, vol. 2 (New York 1902; Ndr. 1969), 309f.

[210] Ebd., 311

[211] "Concord Town Meeting Demands a Constitutional Convention, 21. 10. 1776", abgedr. *Sources and Documents Illustrating the American Revolution 1764-1788 and the Formation of the Federal Constitution* (1923), ed. Samuel Eliot Morison, 2nd ed. (Oxford 1929; Ndr. 1953), 177.

[212] "The Constitution of Virginia, 29. 6. 1776", ebd., 151; "The Constitution of

Pennsylvania, 28. 9. 1776", ebd., 162f.

[213] Montesquieu, *Esprit des lois* 11,6 (s. Anm. 88), 405; Jean Louis De Lolme, *Constitution de l'Angletere; ou, État du gouvernement anglais comparé avec la forme républicaine et avec les autres monarchies de l'Europe* (Amsterdam 1771).

[214] Rousseau, *Du contrat social* 2,12 (1762), Oeuvres compl., t. 3 (1964), 393f.

[215] Vattel, *Droit des gens* 1, 3, § 27 (s. Anm. 175), 153.

[216] Emanuel Sieyès, *Qu'est-ce que le tiers état?* (1789), éd. Roberto Zapperi (Genf 1970), 179.

[217] Ebd., 181.

[218] Jean–Joseph Mounier, "Rede v. 9. 7. 1789", *Archives parlementaires de 1787 à 1860*, éd. Jérôme Madival et Émile Laurent, 1 sér., t. 8 (Paris 1875), 214.

[219] Ebd.

[220] Ebd., 216.

[221] "Constitution Française, 3. 9. 1791", Art. 16, abgedr. *Staatsverfassungen. Eine Sammlung wichtiger Verfassungen der Vergangenheit und Gegenwart* (1949), hg. v. Günther Franz, 2. Aufl. (München 1964), 306.

[222] Roth Bd. 1 (1788), 93, Art. Constitution.

[223] Wigulaeus Xaverius Aloysius Frh. v. Kreittmayr, *Grundriß des Allgemeinen, Deutsch- und Bayerischen Staatsrechts* (1770), 2. Aufl., Tl. 1 (München 1789), 14; Joh. Georg Schlosser, *Briefe über die Gesetzgebung überhaupt, und den Entwurf des preußischen Gesetzbuchs insbesondere* (Frankfurt 1789), 119.

[224] Loebel Bd. 1 (1796), 288, Art. Constitution.

[225] [Wilhelm v. Humboldt], "Ideen über Staatsverfassung, durch die neue Französische Konstitution veranlaßt. Aus einem Briefe an einen Freund, August 1791", *Berlinische Monatsschr.* (1792), 84ff.

[226] Nicolaus Thaddäus Gönner, *Deutsches Staatsrecht* (Augsburg 1805), 4f.; Justus

Christoph Leist, *Lehrbuch des Teutschen Staatsrechts* (1803), 2. Aufl. (Göttingen 1805),
1f.

[227] August Ludwig Schlözer, *Allgemeines StatsRecht und StatsVerfassungsLere* (Göttingen
1793), 14f.

[228] Kant, "Zum Ewigen Frieden", 2. Abschn. (1795), AA Bd. 8 (1912; Ndr. 1968),
352.

[229] Wilh. Joseph Behr, *Über die Notwendigkeit des Studiums der Staatslehre besonders auf
Akademien nebst einem vorausgeschickten Grundrisse eines Systems derselben* (Würzburg
1800), 81.

[230] Joh. August Eberhard, *Ueber Staatsverfassungen und ihre Verbesserung*, H. 1(Berlin
1793; Ndr. Kronberg/Ts. 1977), 35.

[231] Joh. Christian Majer, *Allgemeine Theorie der Staatskonstitution* (Hamburg, Kiel
1799), 19.

[232] Paul Joh. Anselm Feuerbach, *Anti-Hobbes, oder über die Grenzen der Höchsten
Gewalt und das Zwangsrecht der Bürger gegen den Oberherrn*, Bd. 1 (Erfurt 1798; Ndr.
Darmstadt 1967), 34.

[233] Carl Friedrich Häberlin, "Über die Güte der deutschen Staatsverfassung", *Dt.
Monatsschr,*. Bd. 1 (1793), 3.

[234] Ebd., 4.

[235] Carl Leonhard Reinhold, *Briefe über die Kantische Philosophie*, Bd. 1 (Leipzig 1790;
Ndr. 1923), 15f.

[236] Wieland, "Unparteiische Betrachtungen über die Staatsrevolution in Frankreich"
(1790), *SW* Bd. 31 (1857), 86.

[237] Ders., "Betrachtungen über die gegenwärtige Lage des Vaterlandes" (1793), ebd.,
222f.

[238] Carl v. Dalberg, *Von Erhaltung der Staatsverfassungen* (Erfurt 1795), 14.

239 Eberhard, *Staatsverfassungen* (s. Anm. 230), H. 2 (1794), 15.

240 John Adams, *Beantwortung der Paynischen Schrift von den Rechten der Menschheit,* übers. v. Werner Hans Frederik Abrahamson (Kopenhagen 1793), zit. ebd., 16.

241 Georg Wedekind, *Die Rechte des Menschen und Bürgers, wie sie die französische konstituierende Nationalversammlung von 1791 proklamierte* (Mainz 1793), abgedr. *Die Mainzer Republik I. Protokolle des Jakobinerklubs,* hg. v. Heinrich Scheel (Berlin 1975), 766.

242 Karl Ludwig Pörschke, *Vorbereitungen zu einem populären Naturrechte* (Königsberg 1795), 26.

243 Ebd., 169.

244 Johann Adam Bergk, *Untersuchungen aus dem Natur-, Staats-, und Völkerrechte mit einer Kritik der neuesten Konstitution der französischen Republik* (o. O. 1796; Ndr. Kronberg/Ts. 1975), 81.

245 Karl Heinrich Heydenreich, *System des Naturrechts nach kritischen Prinzipien,* Tl. 2 (Leipzig 1795; Ndr. Brüssel 1969), 105.

246 Bergk, *Untersuchungen,* 239.

247 Ebd., 45.

248 Christian Weiss, *Lehrbuch der Philosophie des Rechtes* (Leipzig 1804), 252, § 428.

249 Bergk, *Untersuchungen,* 45. 290.

250 Karl Salomo Zachariä, *Über die vollkommenste Staats-Verfassung* (Leipzig 1800), 11.

251 Majer, *Staatskonstitution* (s. Anm. 231), 21.

252 Wieland, "Unparteiische Betrachtungen" (s. Anm. 236), 81.

253 Wedekind, *Rechte des Menschen und Bürgers* (s. Anm. 241), 766.

254 Bergk, *Untersuchungen,* 38. 41.

255 Karl Frh. vom und zum Stein, "Denkschrift "Darstellung der fehlerhaften Organisation des Kabinetts und der Notwendigkeit der Bildung einer

Ministerialkonferenz, 26./27. 4. 1806", *Br.u.Schr.*, Bd. 2/1 (1959), 208.

[256] Friedr. Christoph Dahlmann, "Ein Wort über Verfassung"(1815), abgedr. *Restauration und Frühliberalismus 1814-1840*, hg. v. Hartwig Brandt (Darmstadt 1979), 105.

[257] Fichte, *Beitrag zur Berichtigung der Urtheile des Publikums über die französische Revolution* (1793), AA 1. Abt., Bd. 1 (1964), 210.

[258] Ders., *Das System der Sittenlehre nach den Principien der Wissenschaftslehre* (1798), AA 1. Abt., Bd. 5 (1977), 216f.

[259] Ders., *Grundlage des Naturrechts nach Principien der Wissenschaftslehre* (1796), AA 1. Abt., Bd. 3 (1966), 458.

[260] Kant, *Metaphysik der Sittens, Rechtlehre*, 2. Tl., 1. Abschn., Allg. Anm. A (1797), AA Bd.6 (1907; Ndr. 1968), 321f.

[261] Eberhard, *Staatsverfassungen* (s. Anm. 230), H. 1, 63ff.; ebd., H. 2, 2f.

[262] Bergk, *Untersuchungen*, 119ff.

[263] A. L. Schlözer, "Französische Revolution", *Stats-Anzeigen*, Bd. 14 (1790), 498.

[264] Schelling, *System des transcendentalen Idealismus* (1800), Werke, Bd. 2 (1927; Ndr. 1965), 582.

[265] Jakob Fries, *Philosophische Rechtslehre und Kritik aller positiven Gesetzgebung* (Jena 1803), 77f.

[266] Weiss, *Philosophie des Rechts* (s. Anm. 248), 216, § 367, Anm.

[267] Carl v. Rotteck, *Lehrbuch des Vernunftrechts und der Staatswissenschaften*, Bd. 2 (Stuttgart 1830), 172.

[268] Franz Ludwig Fürst v. Hatzfeld, "Verfassungsentwurf, 20. 3. 1815", zit. R. Koselleck, *Preußen zwischen Reform und Revolution. Allgemeines Landrecht, Verwaltung und soziale Bewegung von 1791 bis 1848* (1967), 2. Aufl. (Stuttgart 1975), 212f.

[269] Brockhaus 7. Aufl., Bd. 2 (1830), 829, Art. Constitutionen.

270 Karl Frh. vom Stein zum Altenstein, "Rigaer Denkschrift "Über die Leitung des Preußischen Staats", 11. 9. 1807", abgedr. *Die Reorganisation des Preußischen Staates unter Stein und Hardenberg*, hg. v. Georg Winter, Tl. 1, Bd. 1 (Leipzig 1931), 389ff.

271 Ebd., 393.

272 Ebd., 395.

273 Ebd., 389.

274 Ebd.

275 Ebd., 389f.

276 Ebd., 390.

277 "Verordnung über die veränderte Verfassung aller obersten Staatsbehörden in der Preußischen Mornarchie, 27. 10. 1810", *GSlg. f. d. Königl.-Preuß. Staaten* (1810), 3; "Publikandum, betreffend die veränderte Verfassung der obersten Staatsbehörden der Preußischen Mornarchie, in Beziehung auf die innere Landes— und Finanzverwaltung, 16. 12. 1808", abgedr. Stein, *Br. u. Schr.*, Bd. 2/2 (1960), 1001. 1007.

278 Stein, "Kabinettsorganisation" (s. Anm. 255), 208.

279 Koselleck, *Preußen* (s. Anm. 268), 2. Aufl., 217ff.

280 Ebd., 215f.

281 Ludwig Frh. v. Vincke, "Zwecke und Mittel der preußischen Staats— Verwaltung, welche dieselbe verfolgen, deren dieselbe sich bedienen dürfte" (1808), abgedr. Ernst v. Bodelschwingh, *Leben des Ober-Präsidenten Freiherrn von Vincke*, Tl. 1 (Berlin 1853), 379.

282 Johann Gottlieb Koppe, *Die Stimme eines Preußischen Staatsbürgers in den wichtigsten Angelegenheiten dieser Zeit* (Köln 1815), 67.

283 W. v. Humboldt, "Denkschrift über Preußens ständische Verfassung, 4. 2.

1819", § 7. *AA* Bd. 12 (1904; Ndr. 1968), 228.

284 *Der baierische Verfassungs-Freund*, Bd. 1 (München 1819), 3ff.

285 "Entwurf eines Verfassungs–Katechismus für Volk und Jugend in den deutschen konstitutionellen Staaten", *Konstitutionelle Zs.*, hg. v. Johann Christoph Frh. v. Aretin (1823), H. 2, 321ff.

286 Anselm v. Feuerbach, "Über teutsche Freiheit und Vertretung teutscher Völker durch Landstände" (1814), *Kl. Schr. vermischten Inhalts* (Nürmberg 1833; Ndr. Osnabrück 1966), 79.

287 Carl Theodor Welcker, Art. Grundgesetz, Grundvertrag, Rotteck/Welcker 2. Aufl., Bd. 6 (1847), 166.

288 Dahlmann, "Ein Wort über Verfassung" (s. Anm. 256), 107.

289 J. Chr. Frh. v. Aretin, *Staatsrecht der konstitutionellen Monarchie*, Bd. 1 (Altenburg 1824), VIff.

290 *Bauern-Conversationslexikon*, Art. Constitution, *Flugschrift der Frankfurter "Union"* (Männerbund), Feb./März 1834, abgedr. Brandt, *Restauration* (s. Anm. 256), 436f.

291 Philipp Jacob Siebenpfeiffer, *Zwei gerichtliche Vertheidigungsreden* (1834), ebd., 426.

292 Karl Adolph zum Bach, *Ideen über Recht, Staat, Staatsgewalt, Staatsverfassung und Volksvertretung……*, Tl. 1(Köln 1817), 60f.

293 Ebd., 63.

294 Johann Friedrich Benzenberg, *Ueber Verfassung* (Dortmund 1816), 211.

295 매우 명시적으로 Wilhelm Traugott Krug, *Dikäopolitik oder neue Restaurazion der Staatswissenschaft mittels des Rechtsgesetzes* (Leipzig 1824), 255.

296 Ebd., 252.

297 Friedrich Schmitthenner, *Grundlinien des allgemeinen oder idealen Staatsrechtes* (Gießen 1845; Ndr. Hamburg 1966), 415f.

[298] Heinrich Zoepfl, *Grundsätze des allgemeinen und des constitutionell-monarchischen Staatsrechts* (Heidelberg 1841), 123.

[299] Karl Heiner, Ludwig Pölitz, *Das constitutionelle Leben, nach seinen Formen und Bedingungen* (Leipzig 1831), 1.

[300] Daniel Georg Ekendahl, *Allgemeine Staatslehre*, Tl. 1 (Neustadt a. d. Orla 1833), 100ff.

[301] Ludwig Buhl, *Die Verfassungsfrage in Preußen nach ihrem geschichtlichen Verlaufe*, Dt. Staatsarch., hg. v. Joh. Carl Immanuel Buddeus, Bd. 3 (Jena 1842), 222.

[302] Hegel, *Grundlinien der Philosophie des Rechts oder Naturrecht und Staatswissenschaft im Grundrisse* (1821), SW Bd. 7 (1928), 263, § 183.

[303] Ebd., 329, § 258; vgl. ebd., 344, § 265.

[304] Ebd., 376f., § 274, Zusatz.

[305] Ebd., 330f., § 258.

[306] J. Chr. Frh. v. Aretin, *Abhandlungen über wichtige Gegenstände der Staatsverfassung und Staatsverwaltung mit beseonderer Rücksicht auf Bayern* (München 1816), 54.

[307] Friedrich v. Gentz, "Über den Unterschied zwischen den landständischen und Repräsentativ—Verfassungen" (1819), abgedr. Brandt, *Restauration* (s. Anm. 256), 219.

[308] Ebd., 221.

[309] J. Chr. Frh. v. Aretin, *Gespräche über die Verfassungs-Urkunde des Königreichs Baiern* (München 1818), H. 1, 9ff.; W. J. Behr, *Staastwissenschfatliche Betrachtungen über Entstehung und Hauptmomente der neuen Verfassung des baierischen Staats* (Würzburg 1818), 10; Julius Schmelzing, *Einige Betrachtungen über den Begriff und die Wirksamamkeit der Landstände, nach den Prinzipien des allgemeinen und natürlichen Staatsrechts* (Rudolstadt 1818), 11ff.

[310] Behr, *Staatswissenschaftliche Betrachtungen*, 10.

[311] Aretin, *Staatsrecht* (s. Anm. 289), 11.

[312] C. Th. Welcker, *Grundgesetz und Grundvertrag. Grundlagen zur Beurtheilung der Preußischen Verfassungsfrage* (Altona 1847), 6.

[313] Ders., Art. Octroyirte und einseitig von der Volksrepräsentation entworfene und vertragsmäßig unterhandelte Verfassungen, Rotteck/ Welcker Bd. 11 (1841), 751.

[314] Ebd., 752.

[315] Ebd., 752f.

[316] Kant, "Über den Gemeinspruch : Das mag in der Theorie richtig sein, taugt aber nicht für die Praxis", II, Folgerung (1793), AA Bd. 8, 297.

[317] Carl Ludwig v. Haller, *Restauration der Staats-Wissenschaft*, Bd. 2 (Winterthur 1817), 182f.

[318] Carl v. Rotteck, Art. Charte, Verfassungs−Urkunde, Freiheits−Brief, Rotteck/ Welcker Bd. 3 (1836), 405.

[319] Ebd., 407.

[320] Robert v. Mohl, *Das Staatsrecht des Königreiches Württemberg*, 2. Aufl., Bd. 1 (Tübingen 1840), 71f.

[321] Friedrich Julius Stahl, *Die Philosophie des Rechts nach geschichtlicher Ansicht*, Bd. 2/2 (Heidelberg 1837), 35.

[322] Ebd., 101.

[323] Ebd., 102.

[324] Ebd., 105.

[325] Ebd., 106.

[326] Zoepfl, *Staatsrecht* (s. Anm. 298), 123.

[327] Wilhelm Ostermann, *Grundsätze des preußischen Staatsrechts* (Dortmund 1841), 31. 59. 13.

[328] Ebd., 55.

329 Rotteck, *Vernunftrecht* (s. Anm. 267), Bd. 2, 172f. mit Anm.

330 J. Held, *Grundzüge des Allgemeinen Staatsrechts oder Institutionen des öffentlichen Rechts* (Leipzig 1868), 315. 헌법의 공식적 명칭은 일정하지 않다. 1848년 이전 과 그 이후에 나타난 일련의 란트 헌법은 '헌법Verfassung'이라 명시하였다. 그 러나 '헌법-문서Verfassungs-Urkunde'라는 표현이 널리 사용되었으며, 또한 때로 는 '헌법률Verfassungsgesetz'이라는 표현도 있었다. 무엇보다 1848년 후에 공포 한 헌법들은 '기본법Grundgesetz', '국가 기본법Staatsgrundgesetz' 또는 '란트 기본법 Landesgrundgesetz'이라는 명칭이 다수였다. 이따금 '헌법에 대한 기본법Grundgesetz über Verfassung'이라는 중복적인 명칭도 나타난다. '헌법Konstitution'은 공식 명칭 으로서는 단 한 번, 나폴레옹 시대의 바이마르에서 나타날 뿐이다. 브라운슈바 이크Braunschweig에서는 1832년 12월 10일 근대적 헌법을 마련하고 구식 명칭인 "새로운 지방 규칙Die neue Landschaftsordnung"이라고 이름 지었다. abgedr. Ernst Rudolf Huber, *Deutsche Verfassungsgeschichte*, Bd. 2 (Stuttgart 1960), 60. 1871년 4 월 16일의 "독일제국 헌법에 관한 법률Gesetz betreffend die Verfassung des Deutschen Reiches"에는 "독일제국 헌법-문서Verfassungs-Urkunde für das Deutsche Reich"에 관 한 언급이 있다. abgedr. ders., *Dokumente zur deutschen Verfassungsgeschichte* Bd. 2 (Stuttgart 1964), 289. 이 규정 자체는 "독일제국 헌법Verfassung des Deutschen Reichs" 이라는 명칭을 갖는다. ebd., 290. 1849년 3월 28일 파울교회 국민회의도 자신 의 작업을 마찬가지로 명명하였다. ebd., Bd. 1 (1961), 304.

331 [Carl Twesten], *Woran uns gelegen ist. Ein Wort ohne Umschweife* (Kiel 1859), 21f.

332 Heinrich Ahrens, *Naturrecht oder Philosophie des Rechts und des Staates* (1839/46), 6. Aufl., Bd. 2 (Wien 1871), 355ff.

333 Ebd., 358.

334 Held, *System des Verfassungsrechts* (s. Anm. 5), Bd. 1 (1856), 304. 이로써 헬드Held 는 자연법적 기반 없이 계약 이론을 유지하려는 시도해 반대하였다; vgl. Joseph Eötvös, *Der Einfluß der herrschenden Ideen des 19. Jahrhunderts auf den Staat* (Leipzig

1854); R. v. Mohl, *Geschichte und Literatur der Staatswissenschaften*, Tl. 1 (Erlangen 1855), 109.

[335] Philipp Zorn, *Das Staatsrecht des Deutschen Reiches*, 2. Aufl., Bd. 1 (Berlin 1895), 35.

[336] Carl Georg Beseler, "Rede v. 4. 7. 1848", *Sten. Ber. Dt. Nationalvers.*, Bd. 1 (1848), 701.

[337] "Officieller Bericht über die Verhandlungen zur Gründung eines deutschen Parlaments. Beschluß v. 3. 4. 1848", *Verh. d. dt. Parlaments*, 1. Lfg. (Frankfurt 1848), 172.

[338] Heinrich v. Gagern, "Rede v. 19. 5. 1848", *Sten. Ber. Dt. Nationalvers.*, Bd. 1, 17.

[339] "Ausschuß—Bericht über die deutsches Reichsverfassung, 20. 10. 1848", ebd., Bd. 4 (1848), 2722.

[340] Leopold v. Gerlach, "Notiz v. 14. 12. 48", zit. Ernst Ludwig v. Gerlach, *Aufzeichnungen aus seinem Leben und Wirken 1795-1877*, hg. v. Jakob v. Gerlach, Bd. 2(Schwerin 1903), 34; 또한 vgl. ebd., 31.

[341] Ferdinand Graf v. Westphalen, "Denkschrift v. 24. 10. 1852", teilw. abgedr. *Unter Friedrich Wilhelm IV. Denkwürdigkeiten des Ministerpräsidenten Otto Frh. v. Manteuffel*, hg. v. Heinrich Poschinger, Bd. 2 (Berlin 1901), 262f. 군주의 계획에 관해서는 s. L. v. Gerlach, "Tagebuchnotiz v. 27. 5. 1852", *Denkwürdigkeiten*, hg. v. seiner Tochter, Bd. 1 (Berlin 1891), 770; 또한 Joseph Maria v. Radowitz an Friedrich Wilhelm IV., 5. 3. 1853, *Nachgelassene Briefe und Aufzeichnungen zur Geschichte der Jahre 1848-1853*, hg. v. Walter Möring (Stuttgart, Berlin 1922; Ndr. Osnabrück 1967), 415ff.

[342] Otto Frh. V. Manteuffel, "Denkschrift für Friedrich Wilhelm IV. v. 1855", abgedr. Poschinger (Hg.), *Unter Friedrich Wilhelm IV.*, Bd. 3 (1901), 98ff.

343 Ebd., 100.

344 Eduard Lasker, "Wie ist die Verfassung in Preußen gehandhabt worden?" (1861), in: ders., *Zur Verfassungsgeschichte Preußens* (Leipzig 1874), 8.

345 [Lorenz v. Stein], "Zur preußischen Verfassungsfrage", *Dt. Vjschr.* (1852; Ndr. 1961), H. 1, 36.

346 Claude Henri De Saint-Simon, *L'industrie ou discussions politiques, morales et philosophiques*, t. 2 (1817), *Oeuvres*, t. 2 (1869; Ndr. 1966), 82f.

347 Lassalle, "Über Verfassungswesen" (1862), *Ges. Red. u. Schr.*, Bd. 2 (1919; Ndr. 1967), 25. 엥겔스Engels가 1844년 영국의 상황에 대한 보고서에서 이미 "영국 헌법에 관하여…… 순수하게 경험적인 태도"를 취할 것을 예고하였을 때 이와 아주 유사하였다. "필자는 또한 블랙스톤Blackstone의 '주석집Commentaries'과 드 롤므de Lolme의 공상 또는 '마그나 카르타Magna Charta'에서 개혁 법안에 이르는 기나긴 구성적 규정들에서 나타나는 모습이 아니라, 현실에서 어떻게 나타나는가에 따라서 영국 헌법을 이해한다", *Die Lage Englands* (1844), *MEW* Bd. 1 (1956), 572.

348 Lassalle, *Verfassungswesen*, 31.

349 Ebd., 33.

350 Ebd., 36

351 Ebd., 38

352 Ebd., 57f.

353 Max Weber, *Wirtschaft und Gesellschaft. Grundriß der verstehenden Soziologie* (1911/13; 1921), 5. Aufl., hg. v. Johannes Winckelmann (Tübingen 1976), 194. Ebd., 27. 그는 라살레의 헌법 개념과의 동일성을 지적하면서, 그것을 법적 헌법 개념과 혼동할 가능성을 경고하였다.

354 E. Lasker, "Fragen des Staatsrechts" (1862/63), in: ders. *Verfassungsgeschichte* (s. Anm. 344), 373; 또한 vgl. ders., "Wie ist die Verfassung in Preußen gehandhabt

worden?" (1861), ebd., 9ff.

355 Ders., "Der König der Verfassung" (1863), ebd., 385.

356 Carl v. Kaltenborn, *Einleitung in das constitutionelle Verfassungsrecht* (Leipzig 1863), 340f.

357 Hugo Gottfried Opitz, *Das Staatsrecht des Königreichs Sachsen*, Bd. 1 (Leipzig 1884), 38.

358 Max v. Seydel, *Bayerisches Staatsrecht* (1884), 2. Aufl., Bd. 1 (Freiburg, Leipzig 1896), 169ff. 346ff.

359 Conrad Bornhak, *Allgemeine Staatslehre* (Berlin 1896), 37. 46f.

360 Kaltenborn, *Verfassungsrecht*, 342.

361 예를 들어 Held, *System des Verfassungsrechts* (s. Anm. 5), Bd. 2, 50f.

362 Bismarck, "Rede v. 24. 2. 1881", *FA* Bd.12 (1929), 194.

363 Paul Laband, *Das Staatsrecht des Deutschen Reiches* (1883), 5. Aufl., Bd. 2 (Tübingen 1911), 72.

364 Carl Friedrich v. Gerber, *Grundzüge des deutschen Staatsrechts* (1865), 3. Aufl. (Leipzig 1880), 7f.

365 L. v. Stein, *Handbuch der Verwaltungslehre* (1870), 3. Aufl., Tl. 1: *Der Begriff der Verwaltung und das System der positiven Staatswissenschaften* (Stuttgart 1887), 1.

366 G. Jellinek, *Die Lehre von den Staatenverbindungen* (Wien 1882), 264.

367 Ebd., 266.

368 Ders., *Allgemeine Staatslehre* (s. Anm. 6), 3. Aufl., 505.

369 Ebd.

370 Carl Schmitt, *Verfassungslehre* (München, Leipzig 1928; Ndr. Berlin 1954), IX.

371 Rudolf Smend, *Verfassung und Verfassungsrecht* (München, Leipzig 1928), 78.

372 Ebd., 84.

373 Ebd., 78.

[374] Ebd., 79.

[375] Ebd., 80.

[376] Schmitt, *Verfassungslehre*, 20.

[377] Ebd., 3f. 7.

[378] Ebd., 3.

[379] Ebd., 22.

[380] Ebd., 23. 25.

[381] Hermann Heller, *Staatslehre* (Leiden 1934), 249ff. 259ff.

[382] C. Schmitt, *Der Hüter der Verfassung* (1931), 2. Aufl. (Berlin 1969), 71.

[383] Friedrich Landeck [E. R. Huber의 가명], "Verfassung und Legalität", *Dt. Volkstum. Halbmonatsschr. f. d. dt. Geistesleben* 14 (1932), 734.

[384] Ebd. 그리고 매우 유사한 것으로, Friedrich Grüter [Ernst Forsthoff의 가명], "Krisis des Staatsdenkens", ebd. 13 (1931), 173.

[385] C. Schmitt, "Legalität und Legitimität" (1932), *Verfassungsrechtliche Aufsätze aus den Jahren 1924~1954. Materialien zu einer Verfassungslehre* (Berilin 1958), 343.

[386] Landeck [Huber의 가명], "Verfassung und Legalität", 734.

[387] Schmitt, "Legalität", 344f.

[388] Ders., "Ein Jahr nationalsozialistischer Verfassungsstaat", *Dt. Recht. Zentralorgan d. Bundes National-Sozialistischer Dt. Juristen* 4 (1934), 27.

[389] E. R. Huber, *Verfassungsrecht des Großdeutschen Reiches* (1937), 2. Aufl. (Hamburg 1939), 54.

[390] Schmitt, *Verfassungsstaat*, 27.

[391] Ebd., 28.

[392] Adolf Hitler, "Reigierungserklärung v. 23. 3. 1933", abgedr. Max Domarus, *Hitler. Reden 1932~1945*, Bd. 1/1 (München 1965), 232.

[393] Huber, *Verfassungsrecht*, 2. Aufl., 55.

찾아보기

용어

서명

인명

코젤렉의 개념사 사전 20 — 헌법

◉ 2021년 1월 20일 초판 1쇄 인쇄
◉ 2021년 1월 27일 초판 1쇄 발행
◉ 글쓴이   하인츠 몬하우프트·디터 그림
◉ 엮은이   라인하르트 코젤렉·오토 브루너·베르너 콘체
◉ 기 획   한림대학교 한림과학원
◉ 옮긴이   송석윤
◉ 발행인   박혜숙
◉ 책임편집   김 진
◉ 펴낸곳   도서출판 푸른역사
　서울시 종로구 자하문로8길 13 (우 03044)
　전화: 02)720-8921(편집부) 02)720-8920(영업부)
　팩스: 02)720-9887
　전자우편: 2013history@naver.com
　등록: 1997년 2월 14일 제13-483호
ⓒ 한림대학교 한림과학원, 2021

ISBN   979-11-5612-189-3 94900
세트   979-11-5612-184-8 94900